COORDENAÇÃO EDITORIAL
NATALIA VIOTTI

RESGATE UMA *Mulher* E *cure* uma GERAÇÃO

© LITERARE BOOKS INTERNATIONAL LTDA, 2023.

Todos os direitos desta edição são reservados à Literare Books International Ltda.

PRESIDENTE
Mauricio Sita

VICE-PRESIDENTE
Alessandra Ksenhuck

DIRETORA EXECUTIVA
Julyana Rosa

DIRETORA COMERCIAL
Claudia Pires

DIRETORA DE PROJETOS
Gleide Santos

CONSULTORA DE PROJETOS
Amanda Dias

EDITOR
Enrico Giglio de Oliveira

EDITOR JÚNIOR
Luis Gustavo da Silva Barboza

ASSISTENTE EDITORIAL
Felipe de Camargo Benedito

REVISORES
Débora Zacharias e Ivani Rezende

CAPA E DESIGN EDITORIAL
Lucas Yamauchi

IMPRESSÃO
Gráfica Paym

Dados Internacionais de Catalogação na Publicação (CIP)
(eDOC BRASIL, Belo Horizonte/MG)

R433   Resgate uma mulher e cure uma geração / Coordenadora Natalia
Viotti. – São Paulo, SP: Literare Books International, 2024.
240 p. : 14 x 21 cm

Inclui bibliografia
ISBN 978-65-5922-747-1

1. Mulheres – Psicologia. 2. Motivo de realização em mulheres.
3. Sucesso nos negócios. I. Viotti, Natalia.

CDD 305.4

Elaborado por Maurício Amormino Júnior – CRB6/2422

LITERARE BOOKS INTERNATIONAL LTDA.
Rua Alameda dos Guatás, 102
Vila da Saúde — São Paulo, SP. CEP 04053-040
+55 11 2659-0968 | www.literarebooks.com.br
contato@literarebooks.com.br

Os conteúdos aqui publicados são da inteira responsabilidade de seus autores. A Literare Books International não se responsabiliza por esses conteúdos nem por ações que advenham dos mesmos. As opiniões emitidas pelos autores são de sua total responsabilidade e não representam a opinião da Literare Books International, de seus gestores ou dos coordenadores editoriais da obra.

SUMÁRIO

5   PREFÁCIO
Naíle Mamede

7   VOCÊ SABE QUEM SÃO AS MULHERES MEDICINA?
Natalia Viotti

17   O QUE VOCÊ QUER SER QUANDO CRESCER?
Ágata Balestra

27   NO MEIO DO CAMINHO TINHA UMA FRASQUEIRA
Anelisa de Souza Frateschi

37   A CASA DAS CINCO MULHERES
Bianca Madureira

47   O DESPERTAR DE MIM
Camilla Alvarez Bessa

57   CICLOS E RECOMEÇOS
Carla Christina Amaral Carvalho Cecchetti

69   É PRECISO MUITA CORAGEM PARA VIVER PLENAMENTE PORQUE, AFINAL, A VIDA NÃO FOI FEITA PARA COVARDES
Catherine de Souza Werenicz

79   RESSIGNIFICAR PARA RECOMEÇAR
Cibele de Paula Freitas

89   VAGA-LUMES E CHEIRO DE JASMIM
Claudia Chernishev

99   SOBRE AQUELA BANDEJA
Gabriella Galdino

109	GRITOS VELADOS	**Ilma Freitas**
119	A ARTE DE TRANSFORMAR DORES EM RECURSOS	**Isabele Rocha**
129	COSTURADA PELA FÉ	**Jhenyfer Cerqueira dos Santos**
139	O PODER DO PERDÃO	**Juliana Lima**
149	O VALOR DA EMPATIA E DA AUSÊNCIA DE JULGAMENTO	**Leila Garcia**
159	O PODER DE RESSIGNIFICAR EM MEIO AO CAOS	**Luana Uchôa**
169	UM CORAÇÃO DE FILHA	**Maria Carolina de Oliveira Soares**
179	VER NÃO É O MESMO QUE ENXERGAR: HÁ SEMPRE UM INTERESSANTE PONTO DE VISTA A SER CONSIDERADO	**Nicolle Cavalcante Alves de Souza**
189	VELEJAR A FAVOR E CONTRA OS VENTOS	**Rafaela Stephany Raggi**
199	A ESCRITA COMO EXERCÍCIO DE AUTOAMOR	**Ruth Fortes**
211	TAMBÉM ACONTECEU COMIGO	**Sabrina Maradei**
219	MINHAS "DORES E DELÍCIAS"	**Valdiléa Gomes da Silva**
229	AQUELA QUE SENTAVA AO LADO	**Vivian Fadlo Galina**

PREFÁCIO

É inegável a essencialidade da mulher em nossas vidas. Basta reconhecer que nosso início se dá graças a uma mãe, uma figura feminina que, frequentemente, abdica de sua própria vontade para nos conceder a vida e nos apresentar ao mundo, que muitas vezes deseja nos submeter.

Minha estimada mãe, desde minha infância, instilou, em mim, a importância da autoestima, da dignidade e da honra. Esse legado é uma carga que carrego comigo e transmito não apenas a meus filhos, mas a todas as mulheres que cruzam meu caminho e se tornam minhas amadas.

É por isso que celebro minha presença diante do prefácio desta obra, que reúne um conjunto notável de mulheres com um potencial incrível. Nasci na região interiorana do Pará, às margens de um rio, onde a riqueza da fauna e da flora contrastava fortemente com a miséria que minha família enfrentava. Em inúmeras ocasiões, comi barro para saciar minha fome, mas sempre mantive a convicção de que seria possível transformar minha vida por meio do estudo.

Durante a extensa jornada que me separa da menina que deixou sua casa aos 9 anos, tornando-se uma vítima de exploração infantil, e da mulher adulta que suportou um relacionamento abusivo, chegando a estar à beira da asfixia pelas mãos de seu parceiro, até me tornar uma advogada, autora e palestrante reconhecida internacionalmente, recebi auxílio de muitas mulheres. Algumas me ofereceram assistência direta, enquanto outras serviram como inspiração. Sou grata a todas e considero uma honra o que fizeram por mim, auxiliando, assim, outras mulheres que hoje se deparam com situações de abuso e vulnerabilidade.

Este notável livro também presta homenagem ao poder feminino ao reunir 23 mulheres de diferentes idades e profissões, unidas por sua crença na solidariedade entre mulheres. As histórias que encontramos nestas páginas são impactantes e nos recordam de que não estamos sozinhas em nossas jornadas. Podemos fornecer o impulso necessário para que outras alcancem seus sonhos e objetivos, superando as marcas deixadas pelos traumas de gerações passadas.

À autora deste livro, uma estimada colega advogada, expresso minha profunda admiração por reunir essas mulheres e compartilhar tamanha beleza. Esta obra é uma homenagem à irmandade feminina e uma demonstração de nossa capacidade de elevar umas às outras.

Que *Resgate uma mulher e cure uma geração* seja um constante lembrete de que, unidas, somos capazes de criar um mundo onde o apoio entre mulheres seja sempre uma doce realidade.

Amada, desejo que você se inspire nesta leitura e tome posse do seu poder feminino!

Com amor,

Naíle Mamede

VOCÊ SABE QUEM SÃO AS MULHERES MEDICINA?

As mulheres influenciam com palavras, olhares, toques e ações, fortalecendo-se mutuamente e transcendendo barreiras. Quando queremos, podemos ser uma força de cura de feridas de nossas ancestrais, transformando as novas gerações. Umas curam ouvindo; outras cantando, abraçando, aconselhando, sorrindo, cozinhando… Todas somos Mulheres Medicina!

NATALIA VIOTTI

Natalia Viotti

Advogada, sócia-fundadora de Viotti Advogados, formada pela Universidade Católica de Santos/SP. Formada em Direito Empresarial pela FDDJ, com extensão em Gestão de Pessoas e *Compliance* pela FGV. Pós-graduada em Psicologia Positiva pela PUC. Possui certificação em Relacionamento com Clientes, Equipes e Colaboradores, em *Mindfulness* pela PUC-RS e é certificada internacionalmente pela ITCerts® em *LGPD Foundation, GDPR Foundation, Information Security Management* (ISO 27001), *Information Security Risk Management* (ISO 27005), *IT Governance Foundation* (ISO 38500), e *Data Protection Officer* (DPO). Possui, também, extensão universitária em Aspectos Jurídicos da Violência Obstétrica pela PUC-RJ. É autora do livro *9 estratégias para alcançar a alta performance,* disponível na plataforma digital Hotmart, e coautora dos livros *As donas da p**** toda: celebration* e *Elefante não voa,* publicados pela Literare Books International. Com 18 anos na advocacia trabalhista empresarial, Natalia trabalhou em grandes escritórios de São Paulo, como Perez e Rezende, Siqueira Castro e Gouvêa Vieira Advocacia, onde trabalhou por oito anos e foi coordenadora jurídica da Área Trabalhista na filial de São Paulo de 2016 a 2022, quando fundou seu próprio escritório, que atua em Direito de Família, Direito da Saúde, consultoria empresarial, treinamentos corporativos, palestras motivacionais e mentorias. Por ser autista diagnosticada na idade adulta, atua, também, na inclusão de neurodiversos no mercado de trabalho.

Contatos
www.nataliaviotti.com
contato@nataliaviotti.com
Instagram: @nataliaviotti.adv
TikTok: @nataliaviotti.adv
Spotify: Natalia Viotti
Facebook: facebook.com/nataliaviottioficial
LinkedIn: br.linkedin.com/in/nataliaviotti
11 91482 1957

> *Você precisa fazer aquilo que pensa que não*
> *é capaz de fazer.*
> ELEANOR ROOSEVELT

Era 1989 quando minha avó materna me perguntou: "Não entendo por que você gosta tanto dessa sua avó – referindo-se à minha "avódrasta" – se nem de sangue ela é".

No auge dos meus cinco anos, não consegui perceber que, por trás dessa frase, havia um punhado de ciúme e, na minha usual franqueza que me persegue até hoje, respondi: "Ela não é minha avó de sangue, mas é minha avó DO CORAÇÃO".

Hoje sei que, provavelmente, eu a tenha deixado triste com essa resposta, nem sei qual foi sua reação, pois logo virei as costas e fui brincar por considerar absurda a pergunta.

Eu sempre fui uma menina muito espontânea e autêntica, algo que minha avódrasta sempre destacava como sendo uma parte preciosa de mim e, talvez por isso, eu amasse passar os finais de semana em sua casa. Lembro-me de ter minhas melhores características sempre potencializadas por ela, além de ser muito estimulada para absolutamente tudo, desde os estudos até as atividades mais lúdicas, como pintar um quadro.

Minha infância e juventude foi marcada pela presença de mulheres incríveis, cada uma com seu propósito na minha jornada. Minha mãe, meu primeiro amor, me ensina até hoje a ser generosa, não conheço no mundo mulher como ela. É daquelas que não reparte o pão, ela o dá inteiro para você – a menos que estejamos falando de chocolate, aí a coisa muda. Ela serve amor. Existe algo mais profundo que isso?

Resgate uma mulher e cure uma geração

Minha avó Lenita, mãe dela, sempre foi muito falante e engraçada, com ela aprendi a ser sociável, mesmo quando é a última coisa que quero ser. Meu gosto por astrologia, cristais e energia também vem dela, afinal de contas, sempre que ia visitá-la, tinha que cumprimentar um bando de gnomos, budas, elefantes e, claro, seu Santo Antônio. Todos ficavam juntos e misturados na cristaleira da entrada do apartamento dela, que ficava no coração do Gonzaga, na cidade de Santos, em uma rua chamada Galeão Carvalhal.

Assim, fui criada entendendo que as religiões se conversam e que o importante é semearmos o bem. Uma vez levei uma bronca da minha mãe por ter ido a um templo messiânico ao sair da escola – o que me fez demorar para chegar em casa – e foi minha avó Lenita que a convenceu sobre a importância de me deixar escolher minha fé. Ter alguém que confia nas suas escolhas e as respeita é um dos suportes mais importantes que podemos ter quando somos crianças e adolescentes. Óbvio que ainda não escolhi uma só, acho que vou morrer igual a ela, crendo e honrando tudo aquilo que em mim reverbera o bem.

Já a minha avó Neide tem cheiro de vida e até hoje não conheci outra mulher que tenha me inspirado tanto como ela. Não falo de amor, falo de movimento. Essa minha avódrasta era a personificação do que considero mais ousado e conservador. Era do tipo que fazia questão de receber os filhos e netos em sua casa para o almoçar TODO domingo e acreditava que a mulher tem que ser independente. Não importava se um morava em São Paulo ou com ela, todos, absolutamente todos, tinham que estar em sua casa até às 13h. Pontualidade era seu forte, habilidade essa que não consegui aprender.

Eu não conheci minha avó Tereza – mãe do meu pai e minha vó paterna biológica – pois ela faleceu de câncer no pâncreas quando meu pai e meu tio tinham apenas 15 e 16 anos. Apesar de sapecas, eram muito amorosos e estudiosos, por isso não deve ter sido difícil para minha avódrasta agregar mais dois meninos aos três que já tinha quando se casou com meu avô Amaury. Uma mulher divorciada naquela época era um desafio às regras sociais e meu avô foi muito corajoso ao assumir esse relacionamento após sua viuvez.

Embora meu pai não fosse seu filho biológico, ela assim sempre o considerou, então a regra do domingo também se aplicava a ele e, indiretamente, a mim. Lembro-me com afeto e saudade daqueles domingos e, sendo ela filha de espanhóis, fazia questão de cozinhar, o que tornava o compromisso **obrigatório** em **esperado**.

De tanto pedir a meus pais uma irmã, quando eu ia completar sete anos, enfim ganhei minha bonequinha Letícia, mas os dias seguintes foram desafiadores para minha mãe, que precisou ficar no hospital em razão de algumas intercorrências no pós-parto. Lembro como se fosse ontem nossa primeira separação e isso me marcou. Eu, que estava apaixonada pelo meu pacotinho de 49 cm, tive que ficar longe dela porque meus pais entenderam que não dava para sobrecarregar as avós e, assim, a avó Lenita ficou com minha irmã e eu fiquei com minha avó Neide, a avódrasta que tanto amava. Esse foi o primeiro suporte que tive de uma mulher. Eu estava triste e preocupada, mas ela me acolhia de muitas formas, com olhares amorosos, colos macios, brincadeiras lúdicas, passeios no shopping, caminhadas na beira do mar e me dava vestidos, sapatos, bonecas... Essa minha avó era realmente de outro tempo, me ensinou as cinco linguagens do amor antes mesmo que esse conceito se propagasse mundo afora. Acho que a prematura dor da separação só não doeu mais porque eu estava com ela, a maior matriarca que já conheci. O segundo suporte foi quando meus pais se separaram. Ela fazia tudo parecer natural quando eu chegava chorando em sua casa porque minhas coleguinhas da escola haviam dito que, quando os pais se separam, o pai some.

Resgate uma mulher e cure uma geração

Quando recebi o convite para ser coordenadora editorial, pedi que pudesse selecionar as coautoras. Algo dentro de mim invadia minh'alma como um chamado para reunir mulheres que tiveram apoio ou suporte por meio do olhar e da potência feminina. Muito se fala sobre a rivalidade entre mulheres, mas eu nunca vivi isso, essa imagem não me pertence; ao contrário, tenho incontáveis motivos para acreditar no oposto. Era minha missão reunir aquelas que, de alguma forma, tocaram minha vida e que eu sei que também foram tocadas por outras mulheres, levando ao mundo nossas vivências, saindo do modo "sororidade técnica" para, de fato, mostrarmos o que é a "prática da sororidade".

Eu não acredito que o apoio venha de forma obrigatória ou simplesmente porque alguém disse que devemos ser assim. Não é levantar uma bandeira no meio da Avenida Paulista que nos torna melhores. Não dá para acreditar que todas serão compreensivas conosco e nos estenderão a mão quando precisarmos, independentemente do problema que temos ou do momento vivido. Isso não é verdadeiro, tampouco factível. Acredito, sim, no poder do amor e do olhar acolhedor de quando estamos emocionalmente saudáveis, mas nem sempre a mulher que está mais próxima de nós (mãe, avó ou irmã) está nessa frequência de amor incondicional, até porque elas também têm as próprias batalhas e, provavelmente, viveram algo parecido com o que não souberam lidar e agora o padrão se repete em nós, por isso seria injusto cobrarmos delas o apoio que julgamos que teriam que nos dar. Precisamos ter sabedoria para também respeitá-las, pois de julgamento elas também estão fartas.

Entendo que, em vez de julgarmos uma colega de trabalho por ser assim ou assado, devemos olhá-la com amor e entender o contexto familiar e social no qual está inserida para, então, quem sabe, sermos "a chave" que mudará seu olhar sobre os outros e o mundo, tirando um pouco do amargor que há dentro dela, oferecendo um colo açucarado.

Eu podia ter dado muito errado na vida se eu não tivesse tido tanto amor de mulheres que entraram nela das mais estapafúrdias formas, mas é claro que o mérito também é meu, pois de nada serviria tanta entrega se eu não tivesse tido sensibilidade para perceber a importância de cada uma. É fácil dizer que nunca nenhuma mulher te ajudou, mas será que você treinou o seu olhar para enxergar o que cada uma pôde te dar para fazer com que você seja quem você é hoje, curando um padrão de comportamento da sua geração?

Agora mesmo, escrevo este texto numa cápsula de um Hostel em La Paz, na Bolívia, após ter passado uma hora com uma alemã que conheci aqui no quarto. Conversamos sobre nossas experiências de vida, como Ayahuasca, Reiki, energia, viagens, cristais e óleos essenciais. Curioso saber que essas práticas também são feitas por lá... Contei que hoje viajaria na madrugada para o deserto do Uyuni e que ainda precisava comprar uma toalha de microfibra e, após ter me dado inúmeros conselhos e dicas, trocamos telefones e ela me deu sua toalha, disse que tinha duas e que ia fazer mais falta para mim do que para ela. Detalhe, a toalha é azul, minha cor preferida. Perguntei de que forma eu também poderia lhe ser útil, e ela prontamente respondeu: "Apenas mantenha contato". E assim nos despedimos, com a certeza de que ainda nos reencontraremos, nem que seja em nossas lembranças.

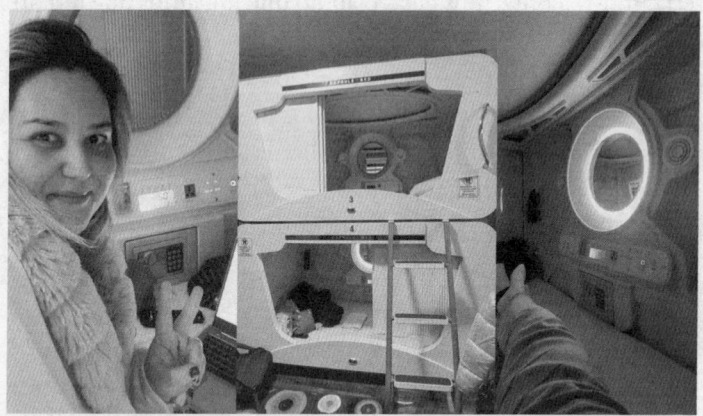

Talvez eu seja uma romântica incorrigível, mas tudo o que aprendi com minha avódrasta, a Dona Neide, me mostra que esse é o caminho, aliás, o único.

Quando era criança, eu a acompanhava nas aulas de pintura – tenho, inclusive, dois quadros pintados por ela que são incrivelmente significativos. Um é de uma Medina em Marrakech; quando ela o fez para mim, não me disse o que era, apenas falou que um dia eu entenderia aquela pintura de uma forma muito mais ampla. Anos depois de ela ter falecido, conheci um marroquino com quem me casei e vivi por quase sete anos de muitas aventuras. No primeiro dia que foi em casa, ele olhou o quadro e disse: "Nossa, você tem a Medida da minha cidade na sua sala!". Eu nem sabia que era Marrakech, mas será que ela já sabia como seria meu futuro? É ou não é uma coisa de outro mundo? O outro é um anjo que fez para cada familiar, e claro, um diferente do outro. Pouco tempo depois de todos ficarem prontos, foi a vez dela se aprontar para o outro plano, e, assim, sabiamente, ela se fez materialmente presente na vida de todos nós.

Foi numa dessas aulas de pintura que suas amigas disseram que, quando eu me formasse, eu não poderia ficar em Santos, minha cidade natal. Quando comecei a cursar Direito, esses conselhos se tornaram cada vez mais efusivos. A maioria era esposa de Desembargador, Juiz ou Promotor e, um belo dia, quando eu estava terminando meu 5º ano, ela me ligou e disse que queria conversar comigo, disse que suas amigas a tinham orientado a pagar o Damásio para mim, uma escola preparatória para concurso público em São Paulo.

Assim, com 21 anos, eu chegava à capital econômica mais agitada do Brasil e, sem conhecer ninguém, fiz minha história. Tive uma grande amiga, Tatiane Mazetto, a quem devo o início da minha carreira. Naquela época eu não tinha mais minha avó e, apesar de ser bolsista no Damásio e ainda ser remunerada para dar aulas de Direito Constitucional nas turmas preparatórias da OAB, eu já havia decidido que concurso não era para mim, ou seja, se eu deixasse de estudar, também não receberia mais por isso e não teria como me manter em São Paulo, mas voltar a Santos não era uma opção. Foi assim que a Tati me estendeu a mão e, sem qualquer arrogância, me ensinou a fazer audiência trabalhista e me colocou na pauta do Lacaz Martins, um grande escritório da Capital Paulista.

Na minha carreira tive suporte de tantas mulheres, mas me dou ao direito de não as mencionar, pois eu poderia ser injusta e esquecer alguém, mas elas sabem quem são.

Minha avó Neide foi aluna da primeira turma da Faculdade da Terceira Idade da Unisantos. Ela era viva, colorida, inteligente, engraçada e muito vaidosa. Na juventude, foi campeã estadual de vôlei; quando adulta, foi uma das primeiras mulheres a passar em um concurso para a Nossa Caixa Nosso Banco. Depois se tornou a primeira gerente da região. Se aposentou com honras e era muito querida por todos. Lembro-me da minha avó ser muito ocupada, tinha uma agenda de dar inveja a qualquer uma. Fazia ginástica, pintura, inglês, francês, organizava eventos, era líder por natureza. Era raro sua casa estar vazia, sempre tinha uma ou outra amiga lhe pedindo conselhos ou desabafando sobre a vida. Minha avó caminhava entre o lúdico e o racional, entre a doçura e a aspereza; se ficasse brava, era melhor não estar por perto. Mulher potente, em todos os sentidos. Ela me ensinou a cozinhar, a ouvir, a cuidar e a ser fonte de cura, própria e para os outros. Que saudade! Até hoje, quando preciso, fecho os olhos e peço ao universo que me leve a seu encontro para que eu possa pedir uma palavra de carinho ou de direcionamento. Eu a sinto muito presente em minha vida, e, vejam só, ela nem era "minha avó de sangue", era mais que isso, era minha avó do coração.

Este texto não é sobre ela, mas sobre como marcamos as pessoas e como, muitas vezes, não nos deixamos ser marcadas por não estarmos atentas ao fluxo da vida. Precisamos aprender a ser suporte uma à outra para que curemos feridas de nossas antepassadas que ainda reverberam em nós, curando, assim, toda uma geração.

Ouço até hoje, de cada uma dessas 22 coautoras, o quanto são gratas por esse convite, mas mal sabem elas a diferença que fizeram na minha vida ao aceitá-lo.

Este livro é o produto mais verdadeiro do que acredito.

Não desejo que as mulheres tenham poder sobre os homens, mas sim sobre elas mesmas.
MARY WOLLSTONECRAFT

O QUE VOCÊ QUER SER QUANDO CRESCER?

Esta história não fala sobre sonhos, mas sobre como escolher o caminho para alcançá-los. Eu acredito que a educação seja a arma mais poderosa, pois é apenas por meio dela que podemos mudar vidas.

ÁGATA BALESTRA

Ágata Balestra

Fundadora e CEO da Theia Consultoria Empresarial. Estudante de Direito na Universidade Presbiteriana Mackenzie. Bacharel em Ciências Contábeis pela Universidade Paulista - UNIP. MBA em Contabilidade, *Compliance* e Direito Tributário. Certificada Six Sigma e Green Belt. Especialista em planejamento tributário, auxiliando na estruturação de projetos de investimentos no Brasil e no exterior, facilitando processos decisórios de novos empreendimentos. Consultora em gestão de processos operacionais, comerciais e financeiros, com visão em eficiência tributária e planejamento estratégico.

Contatos
www.theiaconsultoria.com.br
abalestra@theiaconsultoria.com.br
Instagram: @agata.balestra
LinkedIn: linkedin.com/in/agatabalestra
11 98522 4061

Ágata Balestra

> *Uma criança, um professor,*
> *uma caneta e um livro*
> *podem mudar o mundo.*
> MALALA YOUSAFZAI

Sabe aquela pergunta que geralmente fazemos para as crianças: "O que você quer ser quando crescer?"

Os meninos costumam responder que querem ser bombeiros, policiais ou pilotos de avião: profissões de aventura e com perfil heroico. As meninas, geralmente, na minha infância dos anos 90, em sua maioria, queriam ser mães, ter uma família, as bonecas já tinham até o nome dos seus futuros filhos; às vezes você conhecia algumas meninas que queriam ser professoras, veterinárias ou médicas: carreiras que cuidam e acolhem.

Eu queria ser igual à Luzia Aparecida Balestra, a tia Cida, irmã da minha mãe. A família Balestra cresceu no norte do Paraná. Eram dez irmãos, sendo seis mulheres e quatro homens; meu avô foi filho de imigrantes italianos e minha avó, filha de imigrantes portugueses. Eles não tiveram a oportunidade de estudar, trabalhavam na roça e meus tios concluíram o estudo básico com muita dificuldade.

A maioria dos meus tios eram casados, tinham filhos; minha mãe é a mais nova, por isso a maioria dos meus primos tem a minha idade ou são mais velhos, alguns continuaram morando no Paraná, outros migraram para São Paulo, mas a tia Cida era o exemplo que eu queria seguir: ela nunca se casou e foi morar no Rio de Janeiro sozinha, ela foi a disruptiva da família.

Antes de dormir, eu sonhava com o futuro que queria, ser uma empresária de sucesso, que assinava papéis e atendia aquele grande telefone, vestida com terninhos de linho e moraria em um apartamento grande perto da praia, como eram nas novelas da Globo. Nessa idealização, não havia um marido ou filhos, mas planejamentos de viagens e festas animadas.

Era engraçado ver o espanto no rosto das professoras que me perguntavam o que eu queria ser quando crescesse; algumas riam, outras diziam: "Um dia você vai se apaixonar e vai querer ter filhos", apenas uma me disse que para alcançar meu sonho eu precisava ler muito, pois os livros poderiam me levar aonde eu ainda não conseguia chegar.

Eu escolhi ler e conhecer o mundo na biblioteca, a internet só se popularizou na minha adolescência, então a criatividade era baseada na minha imaginação ao se deixar guiar pela descrição dos autores. Eu agradeço tanto a professora Magda por me incentivar a ler. Eu cheguei bem mais longe do que poderia imaginar quando só tinha nove anos.

Criei gosto pela leitura, gostava de escrever poesias e as minhas redações se destacavam na escola. Li *Dom Casmurro* e conhecia o Rio de Janeiro de 1850; com *O Primo Basílio*, ficava incrédula com a burguesia de Lisboa; e passei pelos clássicos da literatura e, como uma boa adolescente, cheguei nos romances de vampiros: li toda a saga do escritor brasileiro André Vianco.

Meu refúgio eram os livros e, por meio deles, eu me perdia no universo paralelo de fantasias, histórias e, por que não dizer, lições de vida. Em meio a histórias de heróis e vilões, eu aprendia que o bem sempre vence, que o trabalho duro forja grandes reis e rainhas, que as histórias tristes têm um final feliz e, assim, mesmo ingênua, acreditei que seria possível mudar a minha história.

Ágata Balestra

Eu cresci em uma família simples da periferia da grande São Paulo. Minha mãe não completou o ensino médio e, por mais que ela quisesse me dar mais, eu sabia que não era possível. Sempre estudei em escola pública, só tinha, literalmente, acesso aos livros da biblioteca e à orientação de professores dedicados que me guiaram por muito tempo. Foi isso que me conduziu e isso que eu busquei desde cedo: ser a melhor aluna da turma e conquistar meus sonhos com as armas que eu tinha – o papel e um lápis.

Morei com meus tios durante a minha adolescência. Fui inspirada pelo exemplo da minha prima, que foi a primeira da nossa família a se formar na faculdade, e talvez ela não saiba o quanto isso me inspirou. Eu tinha a vontade de mudar e ela me mostrou o caminho para ter um futuro diferente.

Minha tia pagou meu curso de informática e meu tio me deu o passe do ônibus e, assim, iniciei meus estudos além da escola; em paralelo, comecei a trabalhar para conseguir estudar mais. Trabalhei como monitora na escolinha infantil da minha madrinha, trabalhava nos fins de semana como monitora de brinquedos em festa infantil, fui babá e até manicure; com quinze anos, eu conseguia pagar um curso técnico de hotelaria, turismo e eventos, e foi por causa desse curso que consegui meu primeiro estágio.

Queria fazer faculdade de jornalismo, letras, filosofia e até direito, mas sabia que não teria como pagar, então a meta era conseguir bolsa de estudos ou ingressar em uma universidade pública. Cursava o segundo ano do ensino médio na escola pública à noite, trabalhava em um escritório de contabilidade e tinha o final de semana para estudar, por isso comecei a frequentar o cursinho pré-vestibular na Avenida Paulista, um trajeto de aproximadamente duas horas da minha casa.

Nessa época, o cursinho era das 8h às 20h e, aos sábados e domingos, tinham os simulados das provas das principais universidades de São Paulo. Foi seguindo essa jornada que, quando terminava o terceiro ano do ensino médio sem dificuldade, usava o período das aulas em que já tinha aprendido a matéria no cursinho, para ler os livros obrigatórios da FUVEST.

Não passei na FUVEST, não passei na UNESP ou na Federal de São Paulo. No dia de prestar o ENEM, acordei gripada, o que refletiu diretamente na minha nota final; em resumo, não consegui, após dois anos de cursinho, passar em nenhuma faculdade pública ou ter uma bolsa integral com a minha nota do ENEM, no entanto, não desisti. No ano seguinte, estudava no cursinho pré-vestibular de segunda a sábado e trabalhava durante o dia.

A aflição e autocobrança eram imensas: a indecisão do curso dos sonhos chegou com a cobrança de ter que dar certo na vida. No segundo semestre de 2010, prestei vestibular para jornalismo na Universidade Federal de Ouro Preto e passei em 4º lugar. Que vitória!

Mas, para minha história de heroína, ainda estava faltando o "drama": eu não conseguia ir para Ouro Preto efetivar minha matrícula e, mesmo se tivesse como ir, seria muito difícil morar e trabalhar em uma cidade universitária e turística. Eu não tinha condições financeiras, não tinha quem pudesse patrocinar esse sonho, por isso desisti do jornalismo. Chorei, fiquei frustrada, mas não parei.

Na época, eu trabalhava como recepcionista em um escritório de contabilidade e, em novembro, prestei todos os vestibulares possíveis; fiz o ENEM mais confiante do que nunca e também prestei ETEC com o objetivo de estudar de graça, já não importava o curso, pois já tinha perdido meu sonho.

Em janeiro de 2011, chegaram os resultados: passei em 2º lugar no curso técnico de contabilidade na ETEC, não passei nas faculdades públicas em São Paulo. Minha nota do ENEM me possibilitou escolher entre o curso de Ciências Contábeis e

Direito, e eu escolhi Direito, mas como a nota de corte também "encaixou" para que eu escolhesse entre o técnico e a graduação em Ciências Contábeis, optei pela graduação com bolsa integral na Faculdade Integrada Campos Salles.

A palavra "encaixou" ainda doía, pois esse não era o curso que eu sonhava ou a profissão que eu tinha escolhido, mas era por meio dela que eu iria conquistar meu futuro. Não foi uma escolha fácil. Eu tinha uma dificuldade imensa com o curso, principalmente em matemática aplicada e estatística; achei que o mais difícil seria entrar na faculdade, mas ninguém me avisou que era se manter no curso. Enfrentar a rotina de casa, trabalho, faculdade não foi fácil.

Para uma menina sonhadora e ambiciosa, o mercado de trabalho encontrou desde muito cedo uma profissional competente, que não tinha medo de se comunicar e altamente competitiva, que não aceitava falhas e com uma autocobrança extrema. Eu exercia qualquer função da forma mais rápida e eficiente possível, assim fui alcançando promoções, mudando de empresas; eu me destacava em cada tarefa que realizava, desde a digitação de um contrato à organização em ordem alfabética e cronológica de toda documentação esquecida nas gavetas.

Eu continuava perdida nos livros, mas agora nos livros técnicos, aqueles que ninguém gostava e esbarrei no universo tributário, uma floresta cheia de perigos que todo mundo tem medo. Gostei dos tributos e achava graça quando todos me chamavam de louca por gostar de algo tão peculiar.

Ainda queria ser a executiva dos meus sonhos de criança. Por um momento, meu exemplo de mulher forte e competente foi Miranda Priestly, a severa editora-chefe interpretada por Meryl Streep em *O Diabo veste Prada* (2006), sem espaço para erros, com a meta de cumprir o trabalho da melhor maneira e crescer. Adorava ser desafiada por algo novo. Ler sobre assuntos desconhecidos e aprender aquilo que ninguém se interessava foi a base para os passos que me levaram a me especializar na área tributária; eu me interessei em como otimizar processos, devorei os livros do Napoleão Hill.

Essa curiosidade me levou a criar uma bagagem única. Terminei a faculdade em outra universidade, pois o trajeto era demasiadamente longe do trabalho e da minha casa. O trabalho consumia horas que extrapolavam sempre a rotina, mas tudo isso colaborou e forjou uma carreira; aos 26 anos, me tornei gerente de uma multinacional; antes dos 30 anos, CEO da Theia Consultoria.

Hoje não vejo a gestão severa como um modelo a seguir, mas sim uma gestão de equipes sendo exercida com mais leveza, de forma mais humanizada e colaborativa, na qual os resultados podem ser gerados sem tanta competitividade e toxicidade. É certo que quem está feliz produz mais resultados e, dessa forma, podemos voar mais longe juntos.

A tia Cida faleceu quando eu tinha dez anos, de forma prematura em um acidente de trânsito, enquanto ia para o trabalho. Ela não se formou na faculdade ou estudou nas melhores escolas, tinha um trabalho simples de cobradora de ônibus; ela saiu da casa dos meus avós após muitos conflitos com o patriarca, que sofria com alcoolismo, mudou-se para o Rio de Janeiro para morar com uma prima, morou com amigos até conseguir comprar um terreno e construir sua modesta casinha em Campo Grande.

Ela viajava para São Paulo nas suas férias, e sempre me dizia que eu iria morar com ela, saíamos para tomar sorvete e ela sempre me comprava um presente. Nas nossas conversas, ela sempre se interessava no que eu estava lendo e sempre me encorajava a estudar, dizia que eu poderia conquistar todos os meus sonhos.

Tenho até hoje, em um saquinho de organza, seu último presente: uma blusinha rosa, que guardo com muito carinho.

Ágata Balestra

Ela me mostrou que era possível mudar os ciclos, criar movimento e transformar qualquer realidade.

Eu acredito que, onde ela estiver, ela sabe que foi a luz que guiou meu caminho, a vontade de ser diferente mudou meu destino e das pessoas ao meu redor e continua movendo gerações. Sou irmã mais velha e sei que hoje eu sou exemplo para a futura geração da nossa família.

Hoje, às vésperas de completar 32 anos, pude realizar o sonho da garotinha de 18: estou no quinto semestre do curso de Direito no Mackenzie, sou a executiva que imaginava ser, conduzo a gestão da minha equipe como eu acredito, colho excelentes resultados e ainda continuo sonhando. Ah, essa tia Cida... Mal sabe o quanto dela há em mim...

Dedico este capítulo à memória de Luzia Aparecida Balestra e agradeço a todos os meus professores que me guiaram e me encorajaram na minha história.

Sem vocês, nada disso seria possível.

NO MEIO DO CAMINHO TINHA UMA FRASQUEIRA

Ouvimos sempre que as pedras do caminho devem ser degraus para o sucesso, mas jamais imaginei que algo que seria um obstáculo - uma frasqueira gigante - seria a ponte que me ligaria a alguém tão especial e me daria a chance de me deixar receber afeto e cuidado. Hoje, eu vivo a magia da amizade, que é a única relação necessariamente bilateral.

ANELISA DE SOUZA FRATESCHI

Anelisa de Souza Frateschi

Advogada formada pela Universidade Paulista – UNIP, especialista em Direito Penal e Processo Penal pela Universidade Presbiteriana Mackenzie, em Direito de Família e Sucessões pela Faculdade Damásio de Jesus, em Direito Criminal e do Consumidor pela Uninove e em Direito Homoafetivo pela Verbo Jurídico. Com uma trajetória de quase 20 anos, tem atuado, por meio de seu próprio escritório – Anelisa de Souza Frateschi Sociedade Individual de Advocacia – nas áreas cível e criminal. Atua, ainda, de forma voluntária em algumas ONGs, defendendo mulheres em condição de vulnerabilidade social, sendo sempre orientada por seu elevado senso de justiça, para que essa seja mais igualitária a todos.

Contatos
anelisafrateschi@hotmail.com
Instagram: @anelisasf
Facebook: Anelisa Frateschi
LinkedIn: linkedin.com/in/anelisa-frateschi-a73894285
11 98264 0269

O ano é 2012, Rio de Janeiro.
 Como advogada, fui prestar concurso para juiz estadual do Tribunal de Justiça do Rio de Janeiro e, claro, conhecer a "cidade maravilhosa".

Cheguei na sexta-feira e, hospedada de frente para o mar na praia de Copacabana, fiz a famosa foto com a estátua de Carlos Drummond de Andrade. No sábado fiz os passeios tradicionais, como o Cristo Redentor, bondinho do Pão de Açúcar, Morro dos Dois Irmãos etc. Posso dizer que cumpri meu papel de turista e relaxei para a prova do dia seguinte.

Já havia combinado com o taxista do hotel para que ele me levasse mais cedo, no domingo, para fazer a prova, já que não tenho o hábito de comer logo que acordo. Aqui em São Paulo é um verdadeiro caos para se chegar de carro a qualquer lugar, por isso fui bem cedo, mas, ao chegar, vi que tudo era muito diferente.

A avenida estava deserta; o bairro era estranho; e o pior, não havia nada sendo vendido na porta, como acontece aqui, e eu não havia levado nada para comer nem para beber! Devido à gastroplastia que fiz, não posso ficar muito tempo sem comer, senão tenho hipoglicemia, mas jamais pensei que não haveria esse tipo de estrutura em uma prova dessa magnitude.

Procurei ao redor e não havia um bar aberto para eu comprar sequer uma Coca-Cola. Eu já estava começando a ter tonturas, suor frio, mão gelada e por aí vai…

Resgate uma mulher e cure uma geração

Pensei que na sala haveria uma cadeira para que eu pudesse me sentar, então, apresentei-me ao fiscal e entrei. Ao chegar à porta, a primeira coisa que vi, e que até me assustou, foi uma moça que já estava em seu lugar com uma frasqueira enorme, dessas de vender "sacolé". Pensei: "Não é possível que tenha tanta comida nessa frasqueira". Até aquele dia, nunca tinha visto alguém com uma frasqueira tão grande. Se eu optasse por passar pelo lado da frasqueira, com certeza entraria em uma corrida de obstáculos e eu teria que dar um "pulinho", o que não estava nos meus planos.

Do mesmo jeito que fiquei assustada com o tamanho da frasqueira, a moça se assustou com a minha cor, pois eu já estava passando muito mal, e estava mais branca do que já sou.

Sentei três carteiras atrás dela, mas fui surpreendida com seu cuidado. Expliquei sobre a gastroplastia e que precisava comer algo.

Sem hesitar, ela abriu a frasqueira gigante e pegou um monte de guloseimas que eu mal consigo lembrar. Ela me tranquilizou, disse que era para eu comer e que logo eu iria me sentir melhor. Consegui fazer a prova por causa dela.

Terminei a prova antes e fui embora chateada, pois gostaria de me despedir, mas fiquei com medo de interrompê-la.

Em meio aos meus pensamentos, a atitude daquela moça não saia da minha cabeça, pois aqui em São Paulo não creio que alguém teria feito o que ela fez com tanta presteza, aquela atitude me marcou. Eu havia sido cuidada.

Quase um ano se passou depois daquele domingo de 2012 e, em 2013, fiz o concurso do Tribunal de Justiça de São Paulo.

A prova foi em um domingo ensolarado, um dia lindo, parecia que tinha sido preparado para uma das maiores surpresas da vida.

Ainda do lado de fora da prova, avistei uma moça, que me pareceu familiar, lendo algumas anotações. Eu, que não tenho o hábito de abordar pessoas, falei bom dia, disse meu nome e perguntei se ela havia feito a prova do TJ-RJ no ano anterior.

Com sua simpatia peculiar, confirmou o que eu já desconfiava, e sim, eu estava diante daquela que havia me ajudado um ano antes. Abri um sorriso enorme, dizendo que ela era a moça da frasqueira gigante que me encheu de comidinhas. Ela fez que sim com a cabeça e me mostrou a frasqueira. Comecei a rir, só que, dessa vez, antes que a prova começasse, peguei uma caneta e passei meu nome e telefone para ela, coloquei-me à disposição aqui em São Paulo. Seu nome era Ângela[1].

Após um tempo, ela me ligou dizendo ter sido aprovada para a segunda fase do concurso e, como não conhecia São Paulo, pediu indicação de um hotel próximo à prova, pois tinha receio de perder o horário de entrada.

Achei um bom hotel próximo ao local, disse para ela ficar tranquila, pois de táxi era rápido e também para que não se preocupasse, já que ela iria dormir bem, sem hóspedes bêbados para atrapalhar, como relatou haver acontecido na primeira fase.

Ela fez a prova e foi embora, mandando uma mensagem de agradecimento quando estava no aeroporto.

Fiquei um longo período sem notícias de Ângela, mas, certo dia, tocou o telefone; era ela querendo apenas saber notícias minhas. Perguntei sobre a segunda fase da prova e ela disse que estava focada no resultado e estudando para o exame oral.

Como sou criativa demais, quando ela me respondeu, eu já imaginei "a criatura" (sim, às vezes a chamo de criatura, aliás, ela tem mil apelidos para mim) em frente ao computador, 24 horas por dia atualizando a página com uma mão e segurando o *Vade Mecum* com a outra (sério, juro que morri de rir só com meus pensamentos).

---

[1] Nome alterado para preservar a identidade da magistrada. Em homenagem à mãe da autora e à mãe da magistrada, foi escolhido o nome Angela, compartilhado por ambas.

A próxima etapa antes do exame oral é o exame psicotécnico. Sobrou para quem ir ao Shopping Paulista comprar um sapato? Para mim, óbvio, um frio da "Lapônia" e lá fui eu ao encontro de Ângela para escolher um sapato. Justo eu, que não passei na fila da paciência, estava num shopping escolhendo sapato com uma "libriana". Eu estava totalmente perdida.

Ao ser aprovada no exame psicotécnico, chegou a última fase de provas eliminatórias. Depois ainda existe a fase de apresentação de títulos, mas apenas de caráter classificatório.

Ângela estava feliz, empolgada e disse que eu não precisava me preocupar em procurar hotel, pois ela havia achado um excelente perto da Rua Augusta. Sutilmente, pedi o endereço e o vetei na hora (era na baixa Augusta, seria impossível ter sossego ali).

Reservei um na rua Haddock Lobo, duas quadras abaixo da Avenida Paulista e perto da estação de metrô Consolação, pensando que, no máximo, em 30 minutos estaríamos no Fórum João Mendes Júnior, local do exame oral, mas Ângela é Ângela e veio a este mundo para me dar trabalho, e continua dando até hoje (pura verdade). Como não amar você?

Para quem não sabe, na véspera do exame oral, há o sorteio dos tópicos que serão objeto de questionamento da prova no dia seguinte e cada candidato sorteia o seu ponto com os devidos tópicos. Ângela, então, pediu para que eu fosse com ela, pois tinha o desejo de sortear o seu ponto, eu inocentemente carreguei meu bilhete único, saí da zona leste de metrô para encontrá-la no hotel e irmos de metrô para a Praça da Sé; assim, teríamos duas horas para esse percurso, daria tempo até de almoçar (uma preocupação minha, porque, se ela não come, começa a ficar de mau humor, isso é verdade).

Chegando ao hotel, a encontrei com um colar de pérolas e questionei, afinal, íamos para a Praça da Sé; mas, de acordo com Ângela, sem colar de pérolas não haveria aprovação no

TJ-SP; para passar na prova, teria que usar o tal colar, não serviria outro. Olhei e pensei: "Ai papai, onde fui me enfiar?".

E foi com essa inocência que ela conquistou de vez um lugar em meu coração. Como diz a canção de Gonzaguinha, "o que é, o que é", Ângela tem a pureza da resposta das crianças, ou seja, coração puro e bondoso, e até hoje ela costuma dizer essas frases inocentes que me matam de rir.

Ângela queria ir de táxi, pois estava de salto agulha. Tentei explicar que estávamos em 2014, protestos contra e a favor de PT e Dilma estavam acontecendo por toda a cidade, mas foi em vão, a teimosia foi maior e fomos de táxi. Como todos os meus argumentos não surtiram efeito, resolvi aproveitar o ar-condicionado. O fato do táxi poder usar a faixa de ônibus era tudo de bom; sem trânsito, começamos nossa descida pela Rua da Consolação rumo ao Fórum João Mendes Jr.

Continuávamos a nossa descida quando, depois de passar a Paulista, o táxi parou. Ninguém andava nem para frente, nem para trás, nem para o lado. Lá estávamos nós com uma hora para chegar à Praça da Sé, Ângela já havia mudado de cores várias vezes e, claro, eu não perdi a oportunidade de perguntar por que ela estava daquele jeito. A mim, só restava rir, no entanto, a nossa situação era caótica; estávamos travadas, presas dentro de um táxi por conta de um protesto no centro da cidade. Não resisti e disse: "Eu avisei".

Resolvi agir à minha maneira, disse ao taxista que nos deixasse na estação de metrô mais próxima.

Ali começava a nossa "olimpíada *Walking Dead*". O taxista nos deixou na parte de baixo do viaduto do Anhangabaú, tivemos que subir correndo as escadas: primeira prova, "obstáculos de mendigos", só eu pulei cinco. Ângela estava a minha frente porque eu não conseguia parar de rir. Detalhe, de salto agulha e colar de pérolas. Eu já tinha olhado no relógio e sabia que daria tempo: segunda prova, "desvio de bêbado", nunca vi tanto bêbado e gente cheirando cola como naquele dia, e eles vinham em nossa direção. Ângela ainda parou um deles para perguntar onde era a estação que estava bem à frente dela. Só rindo...

Conseguimos entrar no trem, e a "criatura" pergunta para a primeira pessoa que está no vagão se o metrô ia para estação Sé, mas dei-lhe um "sossega palhaço" e disse, em tom de sarcasmo, que sabia andar em São Paulo, diferente de certas pessoas. Ela riu, e foi ouvindo até a Sé que, se tivesse me escutado antes, nada daquilo estaria acontecendo.

Por fim, chegamos, Ângela sorteou o ponto que queria. Almoçamos no *Galeto's* e ela já estava quase morta de tanta fome, nunca vi alguém ter tanta fome, isso explica a frasqueira gigante.

No dia seguinte ela estava com o colar de pérolas, mas com uma sapatilha e dois bilhetes de metrô, uma bolsa com o sapato salto agulha dentro e uns livros; olhei novamente e pensei: "Olha só, aprendeu rapidinho" e novamente sorri, pois ela estava toda orgulhosa de "ser" uma paulistana nata.

Ela ficou na OAB estudando e eu fui buscar minha senha para assistir ao exame oral, já que ela fazia questão que eu lhe assistisse. Ângela era a mais elegante!

A cada pergunta que faziam a ela eu me mexia na cadeira, escorregava, passava a mão nos cabelos, no rosto, suava... Em uma pergunta de Direito Eleitoral, escorreguei e caí no chão, só levantei quando escutei: "Vossa Excelência, veja bem, para responder eu teria que ter os autos em mãos, e como não os tenho, não poderia fundamentar a resposta". O examinador ficou satisfeito e a prova acabou.

Na saída, um senhor disse que nunca tinha visto alguém torcer tanto, e que achou que eu fosse passar mal. É normal torcer pelos amigos, não?

Pronto, exame oral feito, mensagem de agradecimento do aeroporto recebida e tive a certeza de que a missão "eu quero ser uma juíza com colar de pérolas" tinha acabado.

Ângela foi aprovada por conta do colar de pérolas e a profecia concretizada. Eu me orgulho de ter a última foto do antes e depois da aprovação.

Estávamos nos despedindo e eu dissse que ela não me devia nada, que tudo que fiz foi de coração, sem qualquer outra intenção que não a de ajudá-la, e que ela não precisava ser minha amiga por isso, pois muitas pessoas mudam depois que alcançam certos cargos e que eu não precisava de uma amiga juíza. Ela apenas olhou bem nos meus olhos (com a pureza da resposta das crianças) e agradeceu dizendo que, se ela havia sido aprovada naquele exame oral, tinha sido pela tranquilidade em saber que eu iria acompanhá-la, pois havia se sentido amparada. Até chorei, sem que ela visse.

Não demorou muito e chegou o convite para a posse de Ângela no Salão dos Passos Perdidos, no TJ de São Paulo. Mais uma vez cai na gargalhada, chamava de salão do pé molhado, descalço, sem pé, dizia que o Alexandre de "a viagem" estaria lá, rs... Mas fui, óbvio!

Estava eu, desfilando pelo salão quando apareceu Ângela com mais uma missão impossível. Eu tinha que achar o pai e a mãe dela por uma foto da careca do pai. Pela careca? "Eu fico com a pureza da resposta das crianças, é a vida, é bonita e é bonita". Só assim para lidar com Ângela e sua forma resolver as situações.

Lá fui eu, olhar a careca de todo mundo. Tem coisas que só Ângela faz por você (isso ela continua a fazer comigo, graças a Deus, pois ela é uma das quatro ou cinco pessoas neste mundo que conseguem arrancar um sorriso meu só de aparecer). Vi muitas carecas até avistar um casal bem arrumado na porta do Salão dos Passos Perdidos. Cheguei perto, foquei na careca e na foto várias vezes e, depois, foquei na mãe de Ângela. Perguntei se era a mesma careca, expliquei a história, ela riu e eu indiquei o lugar onde deveriam se sentar e corri para o meu lugar.

Resgate uma mulher e cure uma geração

Pude ver minha amiga tomar posse, assinar a ata e tirar a foto nas escadas do TJ-SP com os demais colegas aprovados. Ela, com seu colar de pérolas, que agora não usa mais.

O melhor é saber que ela foi aprovada por ser merecedora e, claro, por usar o colar, rs... Eu apenas a deixei tranquila. Têm pessoas na vida que a gente esbarra e têm pessoas na vida que a gente encontra com uma frasqueira enorme em uma prova e que fica para a vida. Ela foi um desses raros encontros.

Sim, nos encontramos às vezes na Comarca onde ela é juíza, ela continua me dando trabalho, como sempre. Somos tão iguais e tão diferentes, e essa é a magia da nossa amizade, que torna nossos encontros únicos e inesquecíveis.

04

A CASA DAS CINCO MULHERES

Como uma linhagem familiar tão feminina pode evoluir ao longo das gerações? Será que nascer em um clã pode ter significados ocultos? Venha descobrir como eu aprendi a me curar e a manifestar a minha potência feminina. E como a colaboração, o olhar empático, o perdão e o amor podem ser ingredientes poderosos dessa fórmula.

BIANCA MADUREIRA

Bianca Madureira

Profissional pós-graduada em Psicologia Positiva pela PUC-RS, com MBA em Empreendedorismo e Desenvolvimento de Novos Negócios (FGV-RJ). Graduada em Engenharia de Produção pela Cefet-RJ. Consteladora familiar, hipnoterapeuta formada pela Omni e com uma formação em Psicanálise e uma pós-graduação em Teoria Cognitivo-comportamental sendo finalizadas em breve. Trajetória de quase 20 anos em cargos executivos e atuando na gestão de negócios e na gestão direta de grandes times de empresas multinacionais.Durante sua carreira, passou por diversas indústrias, como de óleo e gás, varejo e shopping center. Mas, sem dúvida, suas grandes paixões sempre foram as pessoas, a liderança e o desenvolvimento humano. Por isso, já desenvolveu programas de treinamento, de desenvolvimento, programas de aceleração, mentoria de carreira, entre outros.

Contatos
bia.madureira06@gmail.com
Instagram: @bia_madureira
Facebook: facebook.com/bianca.madureira
LinkedIn: linkedin.com/in/bianca-gonçalves-madureira/

Prazer, eu me chamo Bianca e venho de uma família muito feminina. No ramo materno da minha árvore genealógica, formada da seguinte forma: minha avó teve seis filhas, depois ela teve seis netas, antes de ter o primeiro neto. Minha mãe teve quatro filhas e até agora ela tem três netas e um neto.

Ou seja, na minha infância, um simples almoço de domingo era formado por uma pequena tribo de 16 mulheres, só contando com três gerações de uma linhagem familiar. Esse fato foi motivo de piadas quando fiquei grávida, afinal, tenho uma filha e os amigos do meu esposo diziam que já sabiam o sexo do bebê nos primeiros meses.

Isso começou a me intrigar na minha vida adulta. Comecei a me questionar por que nasci em uma família com predominância feminina? O que o feminino quer me mostrar? O que é o feminino? Qual é a potência dessa energia que vim manifestar nessa jornada? Será que eu a utilizo ao máximo, explorando as suas vertentes? Essas são as descobertas sobre as quais discorrerei ao longo deste capítulo.

Infância

Para vocês entenderem as próximas histórias, vou explorar um pouquinho a minha infância. Sou a filha mais velha de três irmãs: quando eu tinha três anos e oito meses, minha irmã do meio tinha dois anos e as gêmeas nasceram. Ou seja, no lugar da minha mãe, eu não teria tido tanta habilidade e equilíbrio emocional para cuidar de tantas crianças com diferenças de idade tão próximas.

Essa estrutura, atrelada ao histórico familiar da minha avó e mãe, moldou essa fase e os primeiros anos da minha vida adulta. Digo início da minha vida adulta, porque vocês vão entender do que eu me dei conta e, a partir daí, pude fazer as mudanças necessárias para que as próximas gerações tivessem outras experiências.

Para contextualizar, meu avô era analfabeto e gari, minha avó era costureira com estudo até o ensino fundamental. Minha mãe é a quinta filha dessa mulher.

Nesse cenário, fui criada para não dar trabalho, afinal, minha mãe tinha quatro crianças pequenas para cuidar. Assim sendo, o choro nunca foi bem acolhido, todo choro era bobeira. O choro para uma criança pode representar um momento de vulnerabilidade, de frustração, momento para se conectar ou mesmo falta de linguagem para expressar seus sentimentos. Imagine não poder se expressar. Confesso que até hoje choro baixinho, sou capaz de chorar ao seu lado e você nem perceber. Esse ambiente me tornou uma pessoa muito dura também no meu ambiente profissional.

Outro ponto foi a necessidade de aprender a me virar para encontrar o meu espaço. Posso dizer que esse foi o ponto mais difícil na minha trajetória, pois eu fui uma criança muito tímida. Passei por várias fases nas quais gostaria de um direcionamento e de um suporte, mas não sentia abertura para pedir ajuda.

Com esse ponto, eu me tornei muito competitiva, perfeccionista e eficiente. Ou seja, era a forma que eu tinha de me destacar, de me virar, de me cuidar e de trilhar o meu caminho. Para o meu início profissional foi ótimo. Mas, para minha relação com a minha mãe, não.

A minha adolescência foi marcada por um distanciamento da minha mãe. Eu sentia tristeza por não ter sido cuidada e acolhida. Além disso, a nossa comunicação era tumultuada e eu me magoava, por isso escolhi o distanciamento como defesa para não me machucar mais. Porém, essa estratégia também me fez sofrer, pois eu sentia falta da convivência. Claramente, era uma relação que precisava ser curada para que as próximas também fossem (detalhe importante: minha mãe também tinha uma relação mais próxima com o pai do que com a mãe).

Jovem adulta

Com 23 anos e recém-formada em engenharia de produção, eu e 24 pessoas passamos em um processo seletivo com mais de 250.000 inscritos para sermos *trainees* em uma multinacional de atuação nacional.

Com 24 anos, me tornei gerente de uma unidade de negócio e comandava mais de 150 pessoas; o meu perfeccionismo, a minha dedicação, o foco no resultado, a responsabilidade e a competitividade foram fundamentais para me destacar tão jovem. Ou seja, aquelas características que me fizeram me afastar em casa, me ajudavam a me destacar no trabalho.

Após cinco anos na empresa, eu buscava meu crescimento, queria ser promovida e dar o próximo passo em minha carreira. Porém, tinha outra gerente que se destacava comigo e o nosso chefe usava a competitividade (quase uma rivalidade) para tirar o máximo da gente e deixava claro que a empresa promovia, geralmente, uma pessoa por regional.

Assim sendo, nas reuniões mensais de resultado, buscávamos mostrar nossos feitos para conseguirmos a promoção e assim era, reunião após reunião. Nesse período, eu ainda não pensava muito na força do feminino e do masculino, mas claramente usava a força masculina para me encaixar naquele ambiente.

Além disso, ao usar essa força, eu conquistava reconhecimento, o que reforçava essas características.

Após uns meses nessa competição, resolvi chamar a outra gerente para conversar. Expus que ambas estávamos buscando a promoção e que se nos mantivéssemos com aquela competição, podíamos nos anular e mostrar falta de inteligência emocional. Para mim, existia espaço para as duas, já que fora da nossa regional deveriam ter vagas pelo Brasil e poderíamos nos unir para construir melhorias e programas em conjunto para a nossa regional.

E assim fizemos. Ao longo dos meses seguintes, desenvolvemos processos e um programa de desenvolvimento de supervisores que fez com que nós e a regional nos destacássemos. Naquele ano, nós duas fomos promovidas e foi a única regional com duas promoções.

Essa foi a primeira vez que consegui equilibrar esse lado masculino, que consegui baixar a guarda e deixar o feminino aparecer; termos nos ajudado foi importante para me mostrar que existiam outros modelos no ambiente de trabalho. Esse pequeno ato de rebeldia, também me mostrou a potência do feminino quando está unido.

Temos no Brasil um ambiente de trabalho muito masculinizado, as mulheres foram inseridas nesse ambiente há pouco tempo quando olhamos nossa história em perspectiva. Algumas vezes, em reuniões em que a maioria é composta por homens, por muitas vezes fui a última a falar ou tive que aumentar o meu tom de voz para ser ouvida.

A minha experiência de mais de 20 anos no mercado de trabalho me mostra que a colaboração produz mais resultados duradouros do que a competição. Somos seres únicos e plurais e a diversidade traz a possibilidade de soluções mais completas, mais potentes.

A mãe

Com 33 anos, tive a minha filha. Sempre sonhei em ser mãe, nunca tive o sonho de me casar, nunca tive vontade de ter festa de 15 anos, mas a maternidade, com certeza, sempre esteve presente em meus planos.

Minha gravidez foi tranquila, com um pouco de enjoo nos primeiros meses e dificuldade para encontrar uma posição para dormir nos últimos, mas, no geral, foi uma gravidez boa. Trabalhei até 39 semanas de gestação, com dois dedos de dilatação durante a última semana e só parei com o afastamento da minha médica (claramente, a profissional não tinha dado espaço para a mãe).

A tranquilidade da gestação, não foi a mesma do parto.

Tive um trabalho de parto que durou 24 horas. Tentei o parto normal, ela chegou a coroar, mas não nascia. Passei por várias experiências traumatizantes durantes essas horas e, finalmente, por insistência minha, fiz uma cesárea que teve que ser de urgência. Depois de três anestesias, minha filha nasceu. Hoje eu tenho conhecimento necessário para dizer que sofri uma série de violências obstétricas.

Achei que já tinha passado por tudo após esse parto incomum, mas mal sabia que o meu processo de transformação e de cura mais profundo estava só começando.

Após o parto, fui para a casa da minha mãe, para poder ter a ajuda dela. Durante dois meses passei pelos processos mais difíceis até aqui. Minha filha teve refluxo e não dormia nem sentada. Devido a esse problema, ela se engasgava com frequência, com isso tive que aprender "na marra" a manobra de desengasgue de bebês e controlar as emoções para conseguir executá-la.

Esses primeiros meses foram o caos, não havia um dia parecido com o outro, tudo parecia fora do controle. Durante esse período, fui mais a médicos do que nos dois anos seguintes de vida da minha filha. Com isso, eu duvidava da minha capacidade como mãe e de conseguir controlar aquela situação.

Após todas essas experiências que fugiam totalmente do meu controle, passei a ver minha mãe com um olhar mais humilde, tentando imaginar tudo que ela passou com quatro filhas pequenas e tive a maior lição da minha vida: passei a enxergar a minha mãe como um ser humano de carne e osso que fez o melhor que pôde com os recursos que ela tinha.

Não nos damos conta, mas a maioria dos filhos (e eu me incluo nesse time) endeusa a mãe, colocando-a em um pedestal; é o estereótipo da guerreira, da super-heroína. Esquecemos que elas são seres humanos também, que têm suas fraquezas e passaram, muitas vezes, em suas infâncias, por histórias de faltas, abandonos, padrões de educação de um modelo antigo.

Ao me defrontar com o desafio da maternidade, com a falta de controle da situação, com a vulnerabilidade emocional do pós-parto, com a impotência e o sentimento de inadequação de atuação frente aos desafios que se apresentavam, pude lançar um olhar mais humilde, amoroso e gentil para minha mãe.

Durante esse período, ela esteve ao meu lado, chorou e se desesperou com os engasgos comigo, enxugou as minhas lágrimas e me manteve firme nos momentos que eu me desesperava. Por fim, cuidou da minha filha e não me julgou, quando, após um mês e meio sem dormir, fui para minha casa e voltei depois de dois dias. Nesses dias, pude ver o tamanho do amor que ela nutre por mim.

Nesse momento, tive que perder o medo de pedir ajuda e de me expressar, afinal, não me restava alternativa. Também, não pude me distanciar e me isolar no meu quarto de adolescente.

A situação mais desafiadora da minha vida também foi a de maior cura, pois, ao passar por essa situação, pude enxergar a minha mãe como ser humano, com suas vitórias e fraquezas, e curar a nossa relação. A partir desse momento, a tristeza da adolescência deu espaço para a admiração e o amor. E tenho certeza de que essa cura pode permitir que a próxima geração seja mais forte emocionalmente.

O perdão genuíno e a empatia foram fundamentais ao longo desse processo. E acredito que as maiores fontes de cura vêm pelo perdão, que, no meu caso, veio acompanhado da manutenção do relacionamento. Em alguns casos, a manutenção do relacionamento não é possível, mas o perdão genuíno te permite cessar a fonte de dor.

Hoje, eu e minha mãe nutrimos uma relação linda, de muito afeto e confiança e fico emocionada com a conexão que minha filha e minha mãe possuem. Poder contar com o apoio incondicional dela é uma das tranquilidades que tenho na criação da minha filha. Mas, acima de tudo, ter curado a nossa relação é viver em paz comigo mesma.

Assim sendo, finalizo este capítulo dizendo que temos muitas oportunidades para curar o nosso feminino e encontrar o nosso lugar de potência. Minhas experiências me mostraram que esse encontro, além de potente pode ser de muita abundância. O encontro e a manifestação do meu feminino vieram atrelados a uma melhora na minha condição financeira.

Temos infinitas possibilidades de curar uma mulher, de nos curamos e tornar esse caminhar mais leve para ambos os lados. A união e a colaboração nos fazem potentes e podem ser a resposta para enfrentarmos os mais diversos obstáculos, seja na vida profissional ou pessoal. E podemos traçar um caminho diferente do que foi traçado ao longo das gerações anteriores, quando, nos primórdios, as mulheres competiam pelos melhores homens para se reproduzirem.

Além disso, hoje consigo responder aos meus questionamentos sobre o porquê de ter nascido em uma família tão feminina. Fazendo uma retrospectiva, percebo que, apesar de ser uma família muito feminina, tanto minha mãe quanto minha avó eram mulheres fortes e o sentir – a intuição – não eram tão usados.

São mulheres que, ao longo de suas vidas, desenvolveram mais a energia masculina para se expressar e isso não quer dizer masculinidade, pois suas aparências sempre foram muito femininas.

Hoje eu acredito que o que o universo quer é que essa linhagem aprenda a ser forte, mas manifestando a potência da energia feminina em equilíbrio com energia do masculino. Que não haja o bloqueio do sentir, da intuição e, principalmente, da expressão do feminino em toda a sua potência. Talvez, assim, as próximas gerações experimentem mais abundância no seu caminhar.

05

O DESPERTAR DE MIM

Este capítulo conta um pouco da minha história e dos caminhos que percorri para ser quem sou hoje. Nem sempre foi fácil. Fui ao chão inúmeras vezes, mas em todas elas havia mulheres fortes, doces, determinadas, corajosas e prontas para me levantar. Assim, continuei a minha jornada na companhia das maravilhosas mulheres que marcaram a minha vida e determinaram o meu destino.

CAMILLA ALVAREZ BESSA

Camilla Alvarez Bessa

Professora formada em 1999. Bacharel em Pedagogia com Especialização em Livre Docência pela Universidade Metropolitana de Santos (UNIMES). Vice-diretora por 4 anos. Curso Certificado de Elaboração do PEI (Plano Educacional Individualizado) – Planejamento e Acompanhamento de Aprendizagem de Estudantes Autistas (com ênfase em ABA) pela Adapte Educação; pós-graduanda em Neuropsicopedagogia Clínica pela Rhema Educação.

Contatos
camillabessa81@gmail.com
Instagram:@camillabessa

> *Não importa o que fizeram de mim,*
> *o que importa é o que eu faço com o*
> *que fizeram de mim.*
> JEAN-PAUL SARTRE

Você já teve um sonho arrancado de suas mãos quando estava prestes a se tornar realidade? Era 2016 e eu enfrentava um pesadelo, mas para essa história fazer sentido, é preciso começar de outro jeito.

Travei lutas desde muito cedo para ser diferente e quem sabe assim conseguir me amar. Obesa desde criança, passei a vida brigando contra o peso. E não importava o que eu fizesse, a balança sempre vencia, os números subiam progressiva e impiedosamente. Aos 13 anos, iniciei tratamento com os famosos moderadores de apetite. Femproporex, Anfepramona e "otras cositas más", que fizeram meu corpo se transformar numa bela sanfona. O peso que perdia voltava na velocidade da luz se parasse de tomar os remédios. O corpo acostumou com doses altas que, ao longo dos anos, já não surtiam mais efeito. Tudo era difícil naquele tempo, afinal não tínhamos as informações de hoje. Até as pequenas coisas eram complicadas e eu me lembro de detalhes. As roupas eram camisetas de malha e bermudas de gorgurão. Calça jeans do meu tamanho só na seção masculina e sandálias para o meu pé, que sempre foi largo, não havia. Só usava tênis. A moda *plus size* fazia falta e ninguém sabia o que era. Ouvi coisas da minha família como: "Você tem um rosto tão lindo, se emagrecer, ficará ótima", "dá gosto ver você comer", "parece um saco sem fundo", "você vai morrer sozinha, ninguém vai te querer gorda desse jeito", "tenho vergonha de você", "vamos ter que trancar a geladeira e os armários", "prefiro morrer dez anos antes do que gorda". Eu não ligava na época, não passava pela cabeça que isso poderia gerar sentimentos que ficariam em meu subconsciente, me destruindo aos poucos, camuflando minha essência e apagando minha luz. Fiz de tudo para emagrecer e ser uma pessoa "normal" e, enquanto fazia dietas mirabolantes (da lua, da sopa, do sol, do ar – *risos*), minhas amigas tinham suas primeiras paqueras e namoros.

Eu custei a amadurecer nesse sentido, não fazia parte da minha realidade, afinal, quem iria me querer? Não me machucava e eu seguia como se a vida amorosa não existisse para mim. Nesse meio tempo, meus pais se separaram e fiquei muito triste. Éramos seis: meus avós, meus pais, minha irmã mais velha e eu, e para entender mais as minhas raízes e a importância que as mulheres exercem sobre mim, preciso falar um pouco sobre a minha avó.

Espanhola, nasceu em 1922 na Galícia, num vilarejo ou *pueblo*, como os espanhóis denominam, chamado Millarouso. A mais nova dos seis filhos de meus bisavós Camila e Amadeu, trabalhou desde menina com os animais do *pueblo* que vivia. Ordenhava as vacas, alimentava os porcos e as galinhas. Cuidava da horta, colhia castanhas, uvas e tudo que ali cultivavam. Presenciou a Guerra Civil da Espanha, viu um de seus irmãos ferir-se como combatente, viveu dias difíceis, mas possuía uma alegria invejável e única, tinha um espírito de liberdade e uma gana de viver que impressionava e contagiava todos à sua volta.

Casou-se com meu avô aos 30 anos, o que naquele tempo era uma afronta à sociedade. Quando a situação em seu país ficou insustentável, meu avô tentou uma vida melhor pois a minha avó estava grávida e o futuro naquele momento não era dos mais promissores. Veio ser motorneiro dos bondes na cidade de Santos/SP, que recebeu minha família tão bem.

Minha mãe nasceu na Espanha e, depois de cinco anos, meu avô teve dinheiro suficiente para dar sustento digno à sua esposa e filha. Depois de uma viagem de navio que durou um mês, elas finalmente se juntaram ao meu avô.

Minha avó, Remédios – nome do qual ela não gostava nadinha, diga-se de passagem –, conhecida e chamada por todos como Regina, trabalhou duro durante anos como costureira para ajudar meu avô com a renda até conseguirem comprar uma casa e sair da pensão simples e modesta em que viveram desde que chegaram ao Brasil.

Os anos passaram e meus avós abriram um pequeno comércio alimentício na garagem da casa; anos depois, fizeram uma reforma e ampliaram o negócio, que virou um restaurante chamado Millarouso. O trabalho redobrou. Minha avó não esmorecia; nada abalava sua fortaleza. Dormia tarde da noite e acordava antes do sol nascer, cozinhava no restaurante, enquanto meu avô ficava no balcão e no caixa. Minha mãe, já crescida, servia às mesas. Minha avó também fez marmitas para empresas por anos. Desde sempre, cuidava das finanças, fazia as compras e tomava as decisões da casa. Ela era alegria, agitação, energia pura; e quando meu avô se cansou de tanto trabalhar, aceitou alugar o restaurante, apesar de contrariada. Começou a fazer salgados para festas, pois não ficava sem trabalhar. As encomendas aumentaram, milhares de salgados eram vendidos todos os fins de semana. Minha amada avó faleceu em 2014, aos 92 anos. Ela foi a primeira mulher a mudar a minha vida.

Aos 24 anos cheguei a pesar 160 kg, minha família se preocupava por não saber o que fazer. Minha mãe e irmã falavam para fazer terapia, eu dizia que não precisava daquilo e que estava tudo bem. Mas, como toda certeza é inútil, anos mais tarde pagaria minha língua, mas ainda não é o momento de falar sobre isso.

Após uma queda, usei gesso na perna por meses e não usava muletas, pois não tinha força nos braços. Fazia tudo com dificuldade. Preocupada, minha avó conversou com um de seus médicos, que falou sobre uma nova cirurgia que consistia em cortar parte do estômago e que já estava sendo realizada em São Paulo. Fui à consulta com o cirurgião, que explicou tudo, solicitou exames e disse para pensarmos no assunto. Optamos pela cirurgia. Na época, não precisava de acompanhamento psicológico pré ou pós-bariátrica, bastava um encaminhamento liberando o paciente. Fiz uma sessão que durou 40 minutos e, *voilá*, consegui o documento que mudaria minha vida.

Em 22 de agosto de 2005, entrei em cirurgia com medo, mas confiante que ficaria, enfim, magra. Foram mais de oito horas no centro cirúrgico, perdi líquido, tive duas paradas cardíacas. Voltei ao hospital três dias depois da alta médica com quarenta graus de febre. Gritava pelo meu médico, que estava num congresso em outra cidade e dava as coordenadas por telefone. Eu já estava delirando. Me joguei no chão com uma incisão de 15 cm protegida por uma cinta pós-cirúrgica e dizia à minha mãe que iria morrer. Nunca fiquei tão apavorada em toda minha vida. Quando conseguiram me sedar, apaguei. Acordei nua, coberta com um lençol, amarrada numa maca. Minha mãe estava ao meu lado com o médico que voltou do congresso, tamanho meu escândalo. Eu não estava preparada para essa cirurgia. Perdi peso, mas não fiquei magra. Até hoje tenho *dumping*[1] e dificuldade em absorver vitaminas. Devido a esse e outros fatores, meu peso voltou quase por completo.

---

1 Síndrome decorrente da ingestão de alimentos, em sua maioria, ricos em açúcar, que provoca diversos sintomas de mal-estar, sensação de desmaio, dor de cabeça e dores no corpo, principalmente no abdômen.

Em 2010, o que deveria ser um simples procedimento para retirada de 16 cálculos da vesícula virou um problema. Após três dias de alta médica, com dificuldade para respirar e dores fortes, voltei ao hospital. Era sábado e meu médico passava orientações por telefone. Ao entardecer, informou que eu seria submetida a uma nova cirurgia no dia seguinte porque os exames haviam detectado líquido no abdômen. Durante o procedimento, uma pedra foi localizada no pâncreas, obstruindo o canal, sendo necessário reconstituir o caminho do suco biliar com um dreno que carreguei nos três meses seguintes.

Em 2015, encarei outra dieta, a Dukan. Determinada a perder os quilos necessários para fazer as sonhadas plásticas reparadoras, entrei de cabeça nesse mundo. Li o livro, conheci as fases da dieta, fiz receitas, me pesava diariamente, evitava festas e levava marmitas comigo. Seguia rigorosamente e eliminei 20 kg. Fui a um cirurgião plástico e fiz exames para iniciar o processo cirúrgico.

Nessa época, era vice-diretora de uma escola com quase mil alunos e 200 funcionários. Alinhei minha licença com a diretora para julho de 2016. Cristina, a diretora, é uma mulher que admiro muito. Devo a ela os anos que passei na vice-direção e tudo que aprendi ali. Após poucos meses observando meu trabalho, ela disse: "Você já pensou em entrar para a Equipe Pedagógica? Você seria uma ótima líder". Ela ajudou a ver um lado meu que amei conhecer e incentivou muito. Jamais esquecerei. Somos amigas até hoje.

O ano virou e "adeus ano velho", pois 2016 me libertaria de tudo que me aprisionava. Faria as plásticas e ficaria magra. Estava ansiosa. Certo dia, numa festa, mesmo com a marmita, passei mal e fui para casa. Morava com a minha mãe.

Minha mãe, Maria Glória, minha Glorinha. A ela devo minha vida, desde meu nascimento, em todos os meus renascimentos, ela estava lá. De mãos dadas comigo, de corpo, alma, coração, pensamento, oração. Nunca me abandonou, nunca me julgou. Dedicou sua vida para cuidar das pessoas ao seu redor. Cuidou de meus avós, de meu pai, enquanto foi seu marido, da minha irmã, do meu sobrinho, do meu padrasto. Mas, para mim, a dedicação dela era diferente, sempre foi, ainda é. Talvez pelas preocupações que teve comigo ao longo dos anos, ou por nossa relação ter atravessado tantos percalços e se fortalecido com eles, talvez pela cumplicidade inexplicável que existe entre nós. A segurança que ela me passa é única, como se nada de mau pudesse acontecer. É para ela que eu conto minhas angústias, é com ela que eu vibro minhas vitórias, é pra ela que eu peço socorro e é ela que sempre me abriga. Nos ajudamos e estamos juntas nesta vida, sempre, desde sempre e para sempre. Sou grata pelas minhas raízes, por ser filha dessa mulher forte e determinada, que me ensina com exemplos diários que nossos valores são inegociáveis. Que diz com o olhar sincero e o sorriso mais doce as verdades mais difíceis, no entanto não é de rodeios e gosta do que é prático. Mestra em resolver problemas, sempre encontra a solução exata. Para, pensa, reflete e acerta em cheio o caminho a seguir. Gosta de segurança e sabe que as decisões têm consequências, portanto seus pensamentos não cessam. É inquieta por natureza, mas irradia paz a cada respirar.

Naquela madrugada, ela fez um chá, mas não adiantou, fomos ao hospital. Chegamos às 2h da manhã, fui medicada com altas doses de Tramal, mas a dor continuava. Às 7h, a médica de plantão decidiu me internar para investigar a causa. Fiz muitos exames. Foram sete dias de internação somente no soro até que, finalmente, recebi o diagnóstico de obstrução das alças do intestino delgado. A cirurgia correu bem. Com a alta médica, a realidade me batia à porta e na cara: aquele ano não seria o que me libertaria.

Enquanto estive internada, recebi visitas que acalmaram meu coração, mas uma, em especial, tocou minha alma. Era como se alguém pela primeira vez reconhecesse em si a minha aflição, era um espelho, e o que refletia era um pedido de socorro que não podia mais esperar. Minha amiga Soraya me fez ver de um modo doce o pedaço mais amargo da minha vida e de um jeito leve abordou um assunto pesado, do qual eu tanto fugi.

Ela entrou no quarto e me levou a passos de formiga até o fim do corredor, onde havia um banco encostado a uma agradável janela. Uma tarde linda de sol, o céu azul primaveril, e diante dessa paisagem que beirava o desrespeito ao se atrever a aparecer num hospital, começamos a conversar.

Falei sobre a cirurgia e sobre o quanto estava triste e frustrada. Meu esforço, expectativas, planos, sonhos foram destruídos. Tudo em vão, me sentia impotente e castigada. Num abraço, ela disse: "Não fique assim, sei que é difícil, mas às vezes a vida quer nos dizer outra coisa. Talvez seja o momento de olhar para dentro, não para fora. Você já pensou em fazer terapia? Eu faço e é ótimo. Se você quiser, eu passo o contato da minha antiga terapeuta, ela é maravilhosa, tenho certeza de que você vai amar. O nome dela é Claudia Ramos, pense com carinho". Eu chorei e agradeci, então percebi que a terapia que tanto resisti poderia ser a solução. Afinal, muitos faziam e era algo a se levar em conta já que veio dessa amiga tão importante, dedicada, inteligente, bem-sucedida, elegante e que ama sua família e amigos. Refleti muito sobre o assunto.

Iniciei a terapia em 2016. Não foi fácil, afinal, já que para quem aprendeu a se esconder, se expor é tarefa árdua. Aos poucos, fui abrindo espaço. Claudia me cativou e logo descobriu o que deveria ser trabalhado em mim. Teve muito tato e paciência. Nossa conexão foi tremenda, minha mudança, notória e, no fim daquele ano, eu – que não pensava em sair da casa da minha mãe – decidi morar sozinha. Foram momentos difíceis, sessões doídas, o autoconhecimento me levou a lugares inesperados, mas eu não estava sozinha, Claudia estava ali comigo. Aliás, até hoje. Nem sei o que seria de mim sem ela esse tempo todo. Serei eternamente grata, pois não seria quem sou hoje sem a ajuda dessa profissional tão comprometida com seus pacientes.

Já não me sinto mais sozinha. Amadureci, aprendi a me amar, me aceitar, me enxergar além dos olhos, me ouvir, me reconhecer como mulher e, acima de tudo, respeitar minha história, acolher meus sentimentos e apreciar minhas cicatrizes. Hoje sei que, quanto mais eu me conheço, mais me fortaleço. Não desisti do meu sonho, só estou um pouco mais longe dele e muito mais perto de mim, pois, finalmente, despertei.

06

CICLOS E RECOMEÇOS

Um novo ciclo chega quando permitimos que outro se encerre. Nosso destino é traçado em momentos de decisão. Eu decidi olhar para as muitas perdas que tive e o quanto doeram na minha alma. Eu decidi ressignificar o que doeu em mim e fui além na busca pelo meu eu. A busca pelo eu e o mim não cessa. Estamos em constante mudança porque vida é movimento. Não importa o tamanho da dor, importa o respeito que temos pelo nosso processo. Cada um tem seu jeito de ser, cada um escolhe ver a vida como melhor lhe convém. E está tudo bem! Respeite seu *flow*.

CARLA CHRISTINA AMARAL CARVALHO CECCHETTI

Carla Christina Amaral Carvalho Cecchetti

Formada em Direito, com especialização em Administração Pública pela Universidade Federal Fluminense e Mediação de Conflitos pelo Instituto dos Advogados de São Paulo. Pós-graduanda em Direito Sistêmico pelo Centro de Mediadores Instituto de Ensino de Brasília. Especialista em Psicologia Positiva e Análise Comportamental. Facilitadora em Constelação Familiar e terapeuta. Idealizadora da Pleno Direito®, empresa que atua com consultoria empresarial, mediação, treinamento e gestão.

Contatos
carla.carvalhoc@plenodireito.com.br
Instagram: @carlacarvalhoc.adv
Facebook: facebook.com/carla.carvalho.7503
21 98700 3744

Carla Christina Amaral Carvalho Cecchetti

*Não importa o que aconteceu,
você tem o direito de recomeçar!*
BERT HELLINGER

Do Eu em Mim

Era março de 2015, uma forte dor no ventre, um sangramento intenso, e mais exames a serem feitos. Após algumas semanas foi constatado na cavidade abdominal algo com um volume maior que o útero, então a cirurgia foi agendada para maio.

Eu não queria mais passar por tudo o que passei nas cirurgias anteriores. Dessa vez, não seria apenas uma raspagem de útero, mas uma histerectomia, ou seja, a retirada do útero.

Eu poderia ter escolhido entre fazer novamente a raspagem de útero ou retirá-lo. E ao fazer a escolha, só pensei em acabar com a minha dor. Eu não queria mais passar por aquilo, que não era só dor física e havia se transformado em uma dor na alma. Mais uma cirurgia, mais uma raspagem de útero. Doeu em mim, e muito, mas eu não aguentava mais.

A vida inteira eu senti dor ao menstruar, eram cólicas que não cessavam com remédios; eu tinha enxaqueca, ânsia, vômito e, por muitas vezes, precisava ficar num quarto escuro.

Desde adolescente, meu ciclo menstrual era dolorido, sangrava muito, as dores eram intensas e, naquela época, eu mal sabia que o útero era considerado um portal, sequer imaginava pensar em sagrado feminino.

O dia da cirurgia chegou. Além de toda a dor e sentimento de culpa por ter optado pela retirada do útero, aquela foi a primeira cirurgia da minha vida em que meu pai não entraria no centro cirúrgico comigo. Ele era médico, havia falecido três anos antes e eu ainda carregava a dor do luto pela despedida traumática daquele que foi o meu maior incentivador, meu amigo, aquela figura que a maioria das meninas tem como herói.

A expectativa foi de que seria uma cirurgia simples e com previsão de alta para o mesmo dia, mas, devido a complicações, fiquei internada por três longos dias. Não foi nada fácil processar tantas perdas internamente.

Durante a internação, viajei no tempo, lá fui eu pensar em acontecimentos desde que nasci.

O ano era 1972, o mês era novembro e a data... A data foi o dia 23. O que sei é que minha mãe passou mal e meu tio a levou para o hospital em que meu pai estava de plantão. Tudo o que aconteceu antes de ouvir meu choro, só ela sabe, mas eu senti... Por anos eu senti, sem saber, a dor que ela sentiu para que eu pudesse chegar.

Minha mãe relatou que a gestação foi tranquila, mas aconteceu em meio a um luto pela perda de seu pai, meu avô, num acidente de carro. Ela carregava uma dor na alma. Isso chegou até mim. A dor dela doeu em mim e reverberou por anos.

De 1972, o meu pensamento foi levado para o ano de 1994, outra passagem por hospital que ficou na minha mente. O mês era julho, não tinha data agendada, mas marcado ficou pelo coração que parou de bater dentro de mim. Era um dia frio. Caroline seria seu nome e, no decorrer da gestação, um dos exames acusou uma deformidade no seu aparelho digestivo. Foram semanas de acompanhamento, medicação, exames, gestei por 36 semanas, mas não foi possível manter sua vida. Eu não consegui.

Ao ser levada para o hospital naquela tarde do dia 26 de julho, eu já sabia que o coraçãozinho da minha menina não batia mais. Momentos antes, eu estava na sala de ultrassonografia e o médico que realizava o exame não sabia como dar a notícia, então eu mesma disse a ele o que não sabia como me dizer.

De tão acostumada a acompanhar os exames, vi nitidamente que o pontinho branco na tela era um coração que não mais batia. Sonhei com ela diversas vezes. Que dor eu senti! Fiquei paralisada, não consegui chorar, me mantive inerte. Foi tudo muito rápido, lembro que eu só queria vê-la, mas não deixaram, fui sedada no centro cirúrgico para que não visse nada.

Quando acordei no quarto do hospital, senti um vazio enorme. Eu estava me sentindo vazia e meu olhar vagava buscando respostas. Respostas que nunca tive.

A dor foi tão grande e eu só pensava se havia feito algo de errado, e assim segui, não procurei saber a causa ou um possível diagnóstico. Simplesmente virei a página e deixei um buraco aberto no meu peito e na minha alma.

Minha avó materna, então, contou um pedaço de sua história. Ela gestou uma filha até os nove meses, seria sua primeira filha também; e quando chegou ao hospital para ter a bebê, recebeu a notícia de que não a levaria para casa, e lhe foi entregue a menina morta. Ela viu, sentiu e segurou sua filha. Ela quis me contar para que eu pudesse perceber que não estava sozinha, mas, quando ouvi da minha avó sua história, doeu demais em mim. Eu chorei compulsivamente, chorei o que não havia conseguido chorar, revivi o luto dela e comecei a tocar o meu luto. Percebi a fortaleza que foi minha avó, que recomeçou, e ainda assim, depois de toda essa dor, disse sim a outros filhos, dentre eles, a minha mãe; então, a vida chegou até mim.

Resgate uma mulher e cure uma geração

É, eu fiz uma longa viagem na mente enquanto aguardava que o tempo passasse naquele quarto de hospital. A dor era grande, e mais uma vez senti um vazio dentro de mim. Agora, eu já não tinha mais útero, pensei.

Pensei também na história de três gerações de mulheres, minha avó, minha mãe e eu, alguns relatos que se entrelaçam entre momentos do parto, da vida, da partida, em meio à dor, à morte, à separação, ao vazio da alma, e no meu momento de maior plenitude com a alegria da chegada da Camilla em fevereiro de 2011.

Por anos imaginei que não sentiria essa emoção, que esse amor não chegaria. Mas aconteceu, por um milagre, aconteceu. Com a chegada da Camilla, mudou tudo: o meu sentir, o sentido, a vida, era um transbordar de amor.

Ainda no hospital passou pela minha cabeça um filme, respirei fundo, algumas lágrimas escorriam.

Camilla chegou para me trazer conforto e paz em uma situação que aconteceu no ano seguinte ao seu nascimento. Ela trouxe o refrigério naquele momento que eu penso ter sido o pior da minha vida, que foi a morte do meu pai.

Na época, eu morava em São Paulo e o tiro que meu pai levou no assalto em Niterói ecoou na minha alma. Era março de 2012, aquele tiro doeu em mim, doeu tanto que eu só pensava em ir junto. Esqueci tudo, perdi meu chão, minha referência. Senti como se eu tivesse levado anos para montar meu quebra-cabeça e, de uma hora para outra, tudo estivesse embaralhado, todas as peças dispersas e meu olhar vagando mais uma vez em busca de respostas.

Eu precisava recomeçar, eu precisava agir, eu precisava respirar, mas, sinceramente, eu não queria mais viver, queria morrer. E morri. Só naquele momento no hospital, pós-histerectomia, percebi que havia morrido junto, minha alma não queria mais estar viva, tanto que adoeci. Estava ali no hospital, sem uma parte de mim, sem o útero. A dor era tanta que meu eu havia se perdido, mas eu estava respirando, estava viva.

Percebi que precisava de força e chorei compulsivamente. Em seguida, Camilla entrou correndo no quarto; haviam permitido que ela fosse me ver, embora eu não quisesse por ela ser tão pequenina e estar vivenciando a minha dor. Mas foi lindo sentir que ela, com apenas três anos, me mostrou o sentido de eu ainda estar ali, a força de que precisava, tão pequena e tão corajosa; com uma única troca de olhar, me fez sentir a essência do amor incondicional.

Com a alta do hospital, percebi o quanto foi importante a vida ter me paralisado por aqueles três dias. Eu realmente tinha um enorme ciclo de perdas a encerrar e iniciei uma busca.

Muita coisa não fazia mais sentido para mim, principalmente a escolha pelo Direito. Eu sabia exatamente o motivo que me levou a cursar a faculdade, mas essa é outra história. Aqui, cabe apenas registrar que o Direito me trouxe muitos ensinamentos e eu encontrei uma forma de seguir adiante com essa escolha.

Alguns meses depois, iniciei a formação em mediação de conflitos. Lembro que um dos primeiros livros que li foi *Como chegar ao sim com você mesmo*, de Willian Ury – Uau! Como assim? Como chegar ao sim comigo mesma?

As peças do meu quebra-cabeça estavam voltando a fazer sentido, mas eu ainda estava muito fragilizada e precisava elaborar o que entendia como perda. Eu precisava ressignificar o luto.

Um passo de cada vez, até que uma pessoa muito querida me fez um convite, era uma roda, uma ciranda, algo sobre o sagrado feminino. Fui bem curiosa. Nem imaginava o que era e sequer pensava em bênção do útero, afinal, eu não tinha mais esse "peso" que me trouxe tanta dor por anos.

Na data marcada, lá fui eu, pensando o que eu estava indo fazer naquele lugar, mas cheguei cedo. A roda iniciou, o movimento começou, me sentia estranha e totalmente travada. A música começou, a dança aconteceu e ali fiquei mais observando do que qualquer outra coisa. A facilitadora me acolheu com muito amor, nos conhecíamos de um dos escritórios que eu havia trabalhado, e tínhamos contato apenas pela rede social.

O final foi lindo demais. Após muitas partilhas e um movimento intenso com várias mulheres, senti um calor imenso e uma vibração sem igual. Foi incrível, senti que tinha útero. Parecia loucura, a energia tomou conta de mim e o que eu sempre exclui estava ali presente, vibrando em mim e convidando para olhar para minha essência feminina.

Foi tudo muito intenso e, ao mesmo tempo, muito doloroso, porque, quanto mais eu conhecia sobre a essência feminina, mais me culpava por ter optado pela histerectomia.

Então, senti que precisava me aprofundar nesse universo. Encontrei uma motivação e queria estudar. Entender como eu funcionava, integrar o eu e o mim, buscar tudo o que doeu em mim e poder transformar a partir de mim. Era uma escolha, era a minha escolha, um novo sentido, o ressignificar.

Estudei psicanálise, psicologia positiva, análise comportamental, comunicação não violenta e constelação familiar. Tudo o que eu estudava tinha como justificativa agregar na mediação de conflitos, quando, na realidade, o maior conflito estava sendo resolvido internamente. Ir do Eu ao Mim, integrar minha essência, me acolher. Era a vida em movimento, a vida seguindo adiante.

Ao longo das minhas buscas, nunca imaginei olhar e acolher as minhas sombras, nunca havia parado para pensar que somos seres duais, que temos polaridades, ou, segundo Carl Jung, que temos anima e animus.

A partir daquela ciranda de mulheres, um novo despertar começou, uma jornada que me fez olhar para toda minha linhagem feminina. Ela, a minha amiga facilitadora, não sabe o quanto é importante para mim, o quanto me ajudou e o quanto ainda me ajuda.

Me tornei facilitadora em constelação familiar, e algo que li em um dos livros de Bert Hellinger, *A cura*, e me chamou atenção foi: "Para onde vamos? Também somos levados juntos em um ciclo eterno? Agora, vamos até o nosso centro mais profundo. Esperamos por um movimento que nos carregue para fora de qualquer ciclo. Para a frente, além de qualquer movimento em círculo, em direção a uma luz distante. Para lá se volta o nosso olhar. Para lá vai o nosso movimento, para além de todos os túmulos e trincheiras. Reunimos nossas forças e esticamos as mãos para alcançar uma nova margem".

Eu refleti sobre para onde eu estava olhando e, além disso, para onde estava escolhendo olhar. Foram várias perdas, vários lutos, muitas transições, constantes buscas, muitas descobertas que me levaram a entender ciclos que foram do casulo à borboleta, para contar e recontar as peças de um quebra-cabeça imenso e, nessa jornada, sempre me foram apresentadas possibilidades de recomeçar.

Repito sempre que nosso destino é traçado em momentos de decisão, e não só hoje, mas a cada novo dia decido que não importa o que aconteceu, o que importa é que tenho o direito de recomeçar. Essa tem sido a minha escolha.

Eu me coloquei disponível à cura, à minha própria cura, a ir do eu até o mim apenas, e, a partir daí, deixar o movimento reverberar e sentir o fluir, o *flow* da vida.

Honro cada parte minha perdida em meio a desordens, honro cada lágrima dolorida que precisou cair, honro todas as minhas partes que não ousaram impor limites com receio de não serem aceitas. Honro a minha parte que um dia se permitiu ser maltratada. Honro a minha parte que um dia não acreditou em si mesma. Agradeço a cada momento e a cada movimento vivido. Eu vejo vocês em mim hoje, e agora, integro cada uma.

Resgate uma mulher e cure uma geração

Agradeço a vida que chegou até mim pelos meus pais Carlos Vieira de Carvalho Sobrinho e Cassilda Amaral Carvalho, ao preço que lhes custou, assim como a todos que vieram antes.

Compartilho a transcrição do agradecimento ao despertar da vida, escrito por Bert Hellinger, e um convite para que olhe com gratidão à vida que chegou até você, reflita e, se fizer sentido, declare:

> "Querida mamãe,
> eu tomo a vida de você,
> tudo, a totalidade,
> com tudo o que ela envolve,
> e pelo preço total que custou a você
> e que custa a mim.
> Vou fazer algo dela, para a sua alegria.
> Que não tenha sido em vão!
> Eu a mantenho e honro e a transmitirei, se
> me for permitido,
> como você fez.
> Eu tomo você como minha mãe e você pode
> ter-me como seu(sua) filho(a).
> Você é a mãe certa para mim e eu o(a) filho(a)
> certo(a) para você.
> Você é a grande, eu sou o(a) pequeno(a).
> Você dá, eu tomo – querida mamãe.
> E me alegro porque você tomou meu pai.
> Vocês dois são os certos para mim.
> Só vocês!"

Após finalizar este agradecimento direcionado à mãe, pode repetir o agradecimento direcionando ao pai.

Com esse movimento, sigo em busca de equilíbrio, em busca do meu lugar, e estar no nosso lugar nos faz leves.

Penso que nos lapidamos a cada dia, cada um à sua maneira, cada um com seu servir e isso nos torna únicos em essência, pois é possível FLOR&SER no meio do deserto, é preciso sonhar e acreditar.

Permita-se a liberdade de experimentar!

E para finalizar, eu agradeço a ela, minha querida amiga facilitadora de Ciranda de Mulheres, Natalia Guimarães Viotti. Nati, palavras não seriam suficientes para dizer o quanto você é especial!

Com muito amor e gratidão por fazer parte deste *flow*.

Carla Carvalho

Referência

HELLINGER, B. *A cura*. Belo Horizonte: Atman, 2021.

07

É PRECISO MUITA CORAGEM PARA VIVER PLENAMENTE PORQUE, AFINAL, A VIDA NÃO FOI FEITA PARA COVARDES

Neste capítulo, você conhecerá um pouquinho da minha história e como diversas mulheres, em momentos diferentes e ao longo da minha vida, me resgataram e me transformaram, fazendo parte da minha jornada como ser humano; e como carrego comigo até hoje, suas lições e ensinamentos, fazendo de mim a mulher que sou hoje e a mulher que serei amanhã.

CATHERINE DE SOUZA WERENICZ

Catherine de Souza Werenicz

Advogada com licença na Ordem dos Advogados do Brasil – SP, graduada pela Pontifícia Universidade Católica do Estado do Rio Grande do Sul – PUC-RS (2006), com pós-graduação em Direito Público pelo Centro Jurídico Damásio de Jesus - SP (2008). *Legal English: International Contracts* pela Escola Superior de Advocacia - SP (2015). *Advanced English Course* (ELS Language Centers - 2013), em Charlotte, Carolina do Norte – Estados Unidos. Fluente em português, inglês e espanhol. Reside em Farmington Hills, Michigan – Estados Unidos, onde atua como *paralegal* no escritório de advocacia Landry, Mazzeo, Dembinski & Stevens, P.C., sendo, ainda, consultora jurídica de direitos imigratórios e empresariais na Viotti Advogados Associados, em São Paulo, Capital.

Contatos
catherinesdeady@gmail.com
cwerenicz@lmdlaw.com
Instagram: catherinedeady
Facebook: facebook.com/catherine.desouzawerenicz
+1 864 999 8671

Catherine de Souza Werenicz

> *Quando uma mulher decide curar-se, ela se transforma em uma obra de amor e compaixão, já que não se torna saudável somente a si própria, mas também a toda a sua linhagem.*
> BERT HELLINGER

Quando fui convidada para participar deste belíssimo projeto, não tinha ideia da força energética que estaria envolvida nesse movimento de diversas almas femininas.

Porém, o que eu não imaginava era que essas mulheres fossem uma imensa fonte de inspiração para mim mesma quando se fala em conexão com seu feminino. Estabelecer essa conexão é reacender a chama interior de sua divindade entrelaçada com seu espírito, com sua energia e poder nesse imenso universo do qual fazemos parte. E não somente fazemos parte como nós somos parte. Somos parte da transformação dos demais ao nosso redor, assim como também participamos da transformação do meio em que vivemos.

Eu não posso deixar passar o registro do meu pesar, pois tenho tanto a dizer sobre os resgates que já aconteceram e ainda acontecem em minha vida, porém, infelizmente, não será possível contar tantas histórias em somente um artigo. Essas mulheres incríveis estão e estarão para sempre guardadas em um lugar sagrado em meu coração.

Resgate uma mulher e cure uma geração

A oportunidade de fazer parte do universo de cada uma dessas mulheres envolvidas neste projeto é no mínimo fascinante para mim, que sempre busquei nas minhas relações pessoais conexão, porque o que nos move como seres humanos são conexões de alma, com o meio e com o seu "eu" interior. Acredito que este projeto será simplesmente incrível para todas as envolvidas, assim como para as nossas leitoras e leitores.

Quando paro para refletir sobre a minha primeira experiência com o "ser mulher", lembro-me da minha querida e amada mãe, que já não está mais presente entre nós. Relembrando a minha infância, e refletindo sobre as minhas experiências ligadas ao "ser mulher", vejo como essas vivências marcam o começo da minha jornada.

O processo de aprendizagem e evolução que uma mulher enfrenta no decorrer da sua vida é intenso e muito desafiador, para não dizer assustador, porém o poder atrelado a esse processo é infinito e transformador. O poder que tem o coração e a alma de uma mulher é de puro amor, pois quando vejo uma mulher, vejo amor, carinho, cuidado e afeto.

A primeira de muitas mulheres que me resgataram ao longo da minha vida foi a minha mãe, e sua trajetória de vida foi fonte de inspiração para muitas mulheres que a conheceram quando ela ainda estava presente entre nós. Claro que, especialmente para mim, ela foi uma "mulher forte, à frente do seu tempo" e a sua história vai firmar o meu testemunho.

Entrando em contato com a minha criança interior, eu me recordo de olhar para a minha mãe e ver essa mulher forte, trabalhadora, mas ao mesmo tempo sensível, que fez da sua vida uma busca incessante por amor. Aos poucos, fui conhecendo alguns detalhes sobre seu passado, porém isso nunca foi um assunto que ela gostasse de conversar, acredito que por razões pessoais e, também, porque em alguns momentos ela se sentia envergonhada, pois suas escolhas eram definidas por terceiros como "erradas". Minha mãe nasceu no ano de 1950, em um país extremamente machista e sendo educada por minha avó, mulher de personalidade difícil, crítica e exigente. Sentir "vergonha" ou se comportar de maneira "imprópria" era algo comum na época. Logo cedo, com 16 anos, minha mãe se casou com seu primeiro marido, que, pelo que eu sei, a tratava de maneira inadequada. Fruto da sua primeira relação sexual com o marido, veio uma gravidez aos 17 anos. Ela e o marido se mudaram para o Rio de Janeiro e lá ele tentou obrigá-la a se prostituir, porém minha mãe imediatamente se separou e voltou para a casa da minha avó. Contrariamente ao que se espera, minha mãe somente foi acolhida porque o meu avô insistiu e impôs a sua decisão, pois a minha avó não a queria de maneira alguma; segundo ela, aceitar uma filha divorciada e com uma criança nos braços de volta em casa, seria uma humilhação muito grande perante os olhos dos outros.

Para evitar os comentários da sociedade, minha avó e meu avô adotaram a minha irmã mais velha, chamada na época de "adoção à brasileira", sendo as duas criadas como irmãs. Sempre senti minha mãe triste quando falávamos sobre esse assunto, eu tinha a impressão de que lhe havia sido arrancado o direito de ser mãe de sua primeira filha.

Eu sempre tive um diálogo muito aberto com minha mãe, que sempre se interessou sobre o que acontecia na minha vida de maneira geral. Os meus amigos sempre estavam na minha casa e, quando eu decidi ter a minha primeira relação sexual, fui até ela pedir para ir ao médico ginecologista para evitar uma gravidez indesejada. Ali, naquela conversa, foi o primeiro de muitos resgates que vieram a acontecer entre nós duas. A minha mãe disse: "Você tem que estudar primeiro, se formar, ter uma profissão para não depender de homem nenhum e poder ficar em um casamento porque quer e não porque não consegue prover seu próprio sustento".

Resgate uma mulher e cure uma geração

Aos 17 anos, conseguia entender o porquê, porém não tinha a mínima noção do sofrimento e abuso que levaram a minha mãe a ter esse tipo de comportamento e estabelecer essa regra tão rígida com relação à minha educação. Minha mãe teve que parar de estudar na quinta série, pois tinha que trabalhar e contribuir com as despesas da casa, afinal, ela fazia parte de uma família grande e pobre que vivia no sul do Brasil. Ela trabalhava limpando os azulejos de um açougue e entregava o envelope com o salário dela todos os meses nas mãos da minha avó, que era a matriarca e administrava o orçamento de toda a família. Eu sempre percebi que o fato dela não ter tido a possibilidade de estudar era uma coisa que mexia muito com ela e era por isso que ela sempre, eu vou repetir, SEMPRE fez questão de me proporcionar a melhor educação. Estudei em escola particular e, no ensino médio, apenas estudei em uma escola estadual porque era considerada uma das melhores escolas do Estado do Rio Grande do Sul. Eu sempre gostei de estudar, então não era algo maçante para mim. Quando me tornei adulta, percebi que ela realmente resgatou a minha "geração", também percebi que ela vivia os sonhos dela por intermédio de mim, porém nem tudo são flores. Ela era muito crítica e exigente, o que me levou à terapia desde muito nova por desenvolver transtorno de ansiedade e mania de perfeição. Eu tinha que ser perfeita, confesso que ainda estou aprendendo a conviver com o fato de que todos nós somos imperfeitos por natureza e é isso que nos torna seres únicos e especiais, sendo isso uma das belezas da vida, mas é impressionante como as palavras e olhares das mulheres que vêm antes de nós acabam influenciando nossas atitudes e formas de pensar.

Com 25 anos, ela embarcou no segundo casamento, agora com um homem vinte anos mais velho que ela; logo depois, engravidou novamente, dando à luz minha irmã do meio. Um dia, ao chegar em casa depois de um longo dia de trabalho, encontrou seu marido na "cama" com a ajudante de serviços domésticos da casa, naquela época chamada de "empregada". Mais uma vez sozinha e desamparada, ela pediu ajuda a meu avô, que com todo o amor a acolheu novamente. Ela voltou para a casa da minha avó, ou seja, mais um fracasso para ser jogado na cara dela diariamente. Pelo que eu sinto da família da minha mãe, nunca existiu muita união e apoio entre as mulheres do núcleo familiar, todas ali estavam lutando pela própria sobrevivência e pensando em uma maneira de se "livrarem" das imposições e regras da minha avó.

Após o segundo divórcio, minha mãe conheceu meu pai biológico, com quem teve um relacionamento de oito anos; somente durante o processo de separação dos dois, eu pude ver o quanto minha mãe era uma mulher corajosa, forte e resiliente. Mesmo em situações em que sua integridade física estava em perigo, nunca duvidou de seu potencial, sempre se posicionou como um soldado em um campo de batalha, pronta para o combate. E eu assistindo a tudo isso, com aproximadamente sete anos, pensava que se eu tivesse 10% da coragem dela eu já estaria satisfeita.

Finalmente, depois de todas as tempestades e turbulências, ela conheceu quem seria meu padrasto. Eu tinha quatro anos quando ela se separou do meu pai biológico e iniciou um novo relacionamento com o meu padrasto (a quem sempre chamarei de pai) e, mais uma vez, ela não optou pelo caminho mais fácil. Na época, meu padrasto estava noivo e ela ainda casada, vivendo um pesadelo.

Os dois se conheceram e se apaixonaram imediatamente; três meses depois, estavam morando juntos, permanecendo assim por 25 anos, até a minha mãe falecer. Essa obra é dedicada às mulheres, porém eu não posso deixar de ressaltar o quanto a presença do meu padrasto, a quem chamo – e sempre chamarei – de pai, pois foi ele quem me adotou e me resgatou da realidade violenta e tóxica que eu vivia até então. Meu pai (padrasto) com sua ternura, amor, dedicação e determinação não mediu esforços quando se tratava do nosso bem-estar. Ele enfrentou a família dele e todo o preconceito da época, pois minha mãe era nove anos mais velha do que ele e a minha "nona" (avó em italiano) não estava muito feliz com a situação, porém só tenho a agradecer a Deus e ao universo por ter colocado esse ser iluminado que, com muita paciência e amor me resgatou, me ensinou, me guiou ao longo da minha vida e sempre acreditou em mim e no meu potencial. Eu acredito do fundo do meu coração que a única coisa que a minha mãe queria e sempre correu atrás durante toda vida foi amor, amar e ser amada de maneira saudável, esse era o seu objetivo de vida; e não é esse o objetivo de todos nós? Nós vivemos uma busca incessante por amor, que pode vir de um relacionamento amoroso, de uma amizade, ou até de um relacionamento com o seu animal de estimação, afinal, amor é amor, na sua forma mais pura e na sua plenitude, é o que nos faz sentir vivos e parte de algo maior do que nós mesmos.

Sempre levando em consideração os ensinamentos da minha mãe, sempre fui uma menina estudiosa, sempre tirei notas boas e sempre fui muito curiosa, o que certamente contribuiu para o meu sucesso no mundo acadêmico; enquanto uns matavam aula, eu era a que não via a hora de ir para a escola. Meu sonho era ser jornalista, mas não tive a tenacidade de correr atrás do meu sonho e acabei fazendo Direito, seguindo a carreira jurídica e sendo advogada por dez anos no Brasil. No ano de 2009, conheci uma das pessoas que mais mudou e transformou a minha vida, e ainda transforma até hoje. Ela era estagiária no escritório de advocacia no qual eu trabalhava em São Paulo, Bárbara, esse é seu nome. Em um primeiro momento, estávamos nos conhecendo e tínhamos mais ou menos a mesma idade, o que tornou mais fácil o nosso relacionamento, pois pertencemos à mesma geração e a nossa criação familiar foi semelhante. Aos poucos, fomos ficando mais próximas e percebemos que tínhamos várias afinidades. Depois de um tempo, nos tornamos inseparáveis, onde uma estava a outra estava também, mas a nossa amizade sempre foi leve, nunca teve cobranças ou ciúme. Assim como Bárbara tinha outras amigas, eu também fazia facilmente outras amizades. Com o passar do tempo, começamos a formar uma relação forte de cumplicidade, e quem disse que almas gêmeas existem somente nos relacionamentos amorosos?

Eu sempre tive aquele sonho maluco de morar nos Estados Unidos. Comecei a estudar inglês e era uma daquelas pessoas que passava os finais de semana assistindo a filmes no videocassete; sempre gostei de ficar no meu mundinho. Tenho duas irmãs, mas fui criada sozinha, já que a diferença de idade entre nós é grande e eu sou a caçula. Mesmo depois de adulta, sempre gostei muito de cinema, música e teatro. Visando aperfeiçoar o meu inglês, em 2013, eu e Bárbara viemos fazer um curso nos Estados Unidos. Quando chegou o momento de voltar ao Brasil, eu não queria, de jeito algum, pisar novamente no território brasileiro, eu vivia o tal "sonho americano", mas precisei voltar...

Desde o nosso retorno, fiquei com essa ideia na cabeça de largar tudo e vir morar aqui, "sem lenço e sem documento", como disse Caetano Veloso. Algumas coisas aconteceram nos anos de 2014 e 2015: minha mãe estava passando por problemas de saúde e eu a estava acompanhando em consultas médicas, vivendo na ponte aérea São Paulo – Porto Alegre. Em determinado momento minha mãe precisou passar por uma cirurgia, ser internada no hospital e entrar na lista de transplantes de órgãos. Ela precisava de um novo fígado e, infelizmente, em 2015 seu corpo não resistiu e ela veio a falecer em decorrência de uma parada cardíaca.

Após o falecimento da minha mãe, Barbara e eu estávamos conversando sobre a minha vontade de mudar para os Estados Unidos e ela me disse: "Amiga, vá viver seu sonho, se não der certo, você tentou; eu só não quero que no futuro você se arrependa de não ter tentado", e é lógico que ela disse "não quero que você fique me atormentando quando a gente ficar velha se perguntando por que não tentou; se isso acontecer, eu vou bater na sua cabeça com a minha bengala". Rimos. Certo dia, falando com a Bárbara pelo FaceTime, sentei no computador e comprei as minhas passagens e, assim, no dia 31 de maio 2016, embarquei em um avião rumo ao Norte da América, mudei a minha rota e nunca mais olhei para trás. Virei minha vida de cabeça para baixo, sem nem saber por onde começar.

Cheguei aqui com alguns dólares no bolso e muita gana de fazer dar certo, viver intensamente, aprender coisas novas, conhecer pessoas diferentes, viver experiências diferentes, enfim, viver, porque, com a morte da minha mãe, a lição aprendida foi a de que só temos o hoje, e que devemos viver intensamente o presente, porque o amanhã não é garantido para ninguém. Durante todos os meus passos, momentos felizes e tristes, conquistas e derrotas, lá estava ela, Bárbara, no telefone, me apoiando, me orientando ou me criticando quando necessário. E é por causa dela que hoje eu confio mais em mim mesma. Aprendi a dizer "não" e fui resgatada de crenças limitantes, comecei a ser eu mesma, sem amarras e sem medos. E o mais importante é que eu sei que eu posso contar com ela e ela comigo, que estaremos ali uma pela outra, mesmo distantes fisicamente, e que estaremos conectadas para todo o sempre porque, como dizia o poeta Mario Quintana: "A amizade é um amor que nunca morre".

Essa não é apenas uma história de amizade entre duas amigas, ou entre mãe e filha, mas sim um registro de que somente nós podemos nos acolher e ressignificar dores, mudando a forma de ver e encarar não apenas a nossa própria vida, mas também a das próximas gerações, para que, cada vez menos, existam mulheres como a minha avó que, sem consciência, e por assim ter aprendido, fazia sofrer e, certamente, também sofria.

08

RESSIGNIFICAR PARA RECOMEÇAR

Meu pai sempre me disse que, na vida, aprendemos com a dor ou com o amor. Caminhei até aqui pelo amor, muito amor, sempre! Mas quando chegou a hora de aprender com a dor, ela veio com toda a força possível, me colocando de joelhos, sem duvidar jamais da minha fé. E nessa fase fui amparada pelas mulheres incríveis que me rodeiam e que tenho o privilegio de chamar de amigas do coração.

CIBELE DE PAULA FREITAS

Cibele de Paula Freitas

Advogada, mãe e esposa dedicada, psicóloga das amigas sempre que possível e surtada nas horas mais desafiadoras. Mulher que ainda tem muito o que aprender, mas que também já tem bagagem suficiente nessa vida para entender que nem tudo será fácil, mas que viver é preciso, urgente e maravilhoso.

Contatos
cibeledepaulafreitas@gmail.com
Instagram: @cibeledepaula
Facebook: cibele.freitas.395
LinkedIn: Cibele de Paula Freitas
11 98962 6415

Minha vida sempre foi rodeada por muitas mulheres: minha mãe teve três filhas e, a mãe dela, dos dez filhos, teve sete filhas. Eu sou grata pela imensa diversidade das mulheres que me rodeiam e que me ensinam sempre alguma coisa, me fazem ter uma visão de mundo mais rica, mais amorosa, mais empática e, muitas vezes, mais prática também.

Sou advogada, tenho 47 anos e vou contar um pouquinho da minha história, que não teria chegado até aqui não fossem pelas diversas mulheres que tive o privilégio de conhecer e, também pela minha fé, que aumentou significativamente pela dor e pelo amor que recebi em minha vida.

Primeiramente, eu sempre sonhei com uma filha. Desde os meus 18 anos, ela já tinha até nome e sempre tive certeza de que ela me encontraria nesta vida. Helena chegou me ensinando a ser mãe e me ensina muito ainda hoje, aos 11 anos.

Conheci meu marido numa festa à fantasia em que eu não iria de jeito nenhum não fosse pela insistência de amigas a quem sou muito grata, porque o empenho delas, afinal de contas, valeu a pena...

Tenho também um filho, Gabriel. Menino alegre e cheio de vida, mas que, logo nos primeiros meses já apresentou problemas de saúde, passando por transfusões de sangue, internações, incertezas... Seu primeiro ano de vida foi muito desafiador para todos nós. Começava ali uma história que mudaria meu modo de ver, não apenas a vida, como também minha relação com Deus.

Meu viver, de uns anos para cá, foi se enchendo de grandes recomeços... O primeiro foi deixar de advogar em escritório de advocacia para me dedicar ao trabalho autônomo, mas esse passo foi ficando em segundo plano por mais tempo do que eu gostaria, e posso afirmar que ainda está em construção, porque outros acontecimentos foram virando prioridade.

Em março de 2020, uma terça-feira, busquei meus filhos na escola e iniciamos o isolamento em decorrência da pandemia da covid, que, naquela altura, já atingia o mundo todo. Na minha cabeça, seria algo em torno de, no máximo, dois meses, mas ficamos trancados num apartamento por mais de um ano e meio.

Hoje eu sou grata a esse período, pois pude estar ainda mais próxima dos meus filhos. Especialmente o Gabriel, que, por conta do isolamento, ficou mais de um ano sem precisar de qualquer intervenção hospitalar.

Em março de 2021, em plena pandemia, iniciei uma jornada que me ensinou muita coisa. Foi quando, mais uma vez na vida, eu realmente precisei de toda ajuda e conforto das minhas amadas mulheres.

Estava visitando minha mãe, que mora no interior de São Paulo – e para onde eu e minha família mudamos um ano depois – quando descobri um nódulo no meu seio esquerdo e, com histórico familiar para câncer de mama, o sinal vermelho acendeu. Nesse momento de muita angústia, uma das mulheres mais admiráveis que eu conheço, uma médica humanizada que cuida de suas pacientes com o maior respeito e carinho, me estendeu a mão e me guiou em todo o tratamento realizado num hospital de referência na saúde da mulher na capital de São Paulo.

Nesse momento de tamanha dor, em que a gente vai chorando a cada passo do tratamento, eu pude ver o tanto de mulheres admiráveis que me rodearam e me disseram EU TE AMO das mais diversas formas.

A médica que me amparou me levou até os melhores médicos para que o diagnóstico fosse rápido e, em um mês, eu já estava na mesa de operação. No dia 12 de abril de 2021, meu aniversário de casamento. Nosso dia 12 seria de vitórias, e assim foi. O nódulo não estava espalhado para outras partes do corpo e já tinha um tamanho considerável, então, acredito que tive sorte em detectar logo no início.

Um dos momentos mais difíceis foi voltar para a casa e ver meu corpo transformado para sempre. Eu não fiz cirurgia reparadora ainda, mas acredito que não farei; retiraram apenas um quadrante e, se eu não conto sobre isso, as pessoas nem desconfiam, mas, durante o processo, essa condição é muito dolorosa.

Minha mãe, sempre com uma paciência infinita e carregando a dor de ver sua filha passar pelos mesmos percalços que ela havia passado anos antes, cuidou muito de mim, e minhas irmãs também. Hoje eu imagino o medo e a dor que elas sentiram me vendo passar por isso também, até porque, apesar de breve, meu tratamento foi muito intenso.

Hoje eu penso nessa fase e parece que nem passei por isso, que foi pouco tempo, mas foram meses difíceis demais. Por um período, você fica impossibilitada de fazer muitas coisas e eu tive que entender que era meu momento de parar, cuidar de mim e ser cuidada pelos outros.

Durante meu tratamento, a pandemia ainda era uma realidade e, quando fui fazer minha primeira sessão de quimioterapia, sem saber, eu estava também com covid. Como sempre digo, realmente não era a minha hora porque essas duas "coisas" juntas só podiam acarretar um quadro muito grave.

Fui internada com leucopenia e somente dias depois foi descoberto que estava também com covid, momento em que passei a ficar em isolamento absoluto. Nesse período, meus cabelos começaram a cair e percebi que realmente perder os cabelos era o de menos, porque a batalha é muito maior.

A primeira coisa que vem à cabeça quando te dão o diagnóstico de câncer é a proximidade da morte. A segunda, sem dúvida alguma, é se vamos perder os cabelos, meus lindos cabelos cacheados que tanto amo. Ficar careca me trouxe novas perspectivas e decidi aproveitar isso para assumir meu cabelo da cor natural. Sempre tive cabelos grisalhos, antes mesmo dos 30 anos e jamais teria a coragem de assumi-los se não ficasse careca primeiro.

Devagar vamos aprendendo que os problemas, especialmente os mais sérios, mudam nossa maneira de encarar a vida. E encarar um câncer modificou minha essência de maneira definitiva.

Assim, no dia 12 junho de 2021, meu marido raspou o que ainda restava do meu cabelo e foi ali que nosso dia 12 passou por mais um desafio. Era muito assustador perder os cabelos, mas ao mesmo tempo aquele ritual significava vitória, a primeira de muitas outras que viriam.

Me mantive firme, principalmente pelos meus filhos, pois não queria que eles encarassem a minha fase como uma sentença de morte, mas sim como um exemplo maior de vida e força.

Nessa fase careca surgiram as amigas dos lenços. Ganhei vários deles, um mais lindo que o outro! Uma amiga me ofereceu o *mega hair* dela para fazer uma peruca, imagine só. Aos poucos, entendi que muitas pessoas acreditavam que eu não venceria o combo covid + quimioterapia, então minha alta hospitalar foi muito comemorada. Cada reencontro era muito comemorado e, revivendo essa fase, vejo que realmente foi um milagre.

Bom, ganhar os lenços foi bem divertido, mas ao colocar o primeiro deles foi um baque. Eu não queria sair na rua careca, mas também não queria usar um lenço ou turbante porque eu via como se fosse um letreiro dizendo a todos a minha condição. Todos olham você com muita compaixão, mas, ao mesmo tempo, é esquisito todos saberem que você está doente, não sei explicar; os olhares de pena me incomodavam.

Caminhando para a minha cura, as aulas das crianças também estavam voltando ao normal e, voltando a ter contato com mais crianças, o Gabriel voltou a precisar de cuidados e transfusões de sangue com maior frequência. Ali pude entender que o que eu achava que era o corpo dele reagindo e se curando era, na verdade, uma pausa na nossa rotina graças ao isolamento.

Olha só que interessante, meu câncer escolheu a melhor fase do Gabriel para eu poder cuidar de mim. Poder perceber isso aumentou ainda mais minha fé em Deus porque ter um filho doente faz qualquer mãe se aproximar ainda mais de sua crença.

Tive alta do tratamento em novembro do mesmo ano e, em dezembro, nossa família recomeçou a vida numa nova cidade, no interior de São Paulo. Meu tratamento agora é medicação por cinco anos e exames periódicos específicos, a maioria das sequelas se foram.

Em Brotas, cidade que me acolheu e que eu amo demais, tivemos que pensar como seria o acompanhamento médico do Gabriel. A hematologista dele de São Paulo, mais uma mulher brilhante e profissional humanizada, antes de nos mudarmos, nos encaminhou mais uma vez para Barretos. Seria nossa quarta vez lá para exames e desta vez chegaram a um diagnóstico: aplasia de medula óssea.

Gabriel aparentemente teve alguma intercorrência nos primeiros meses de vida que fez com que a medula dele não funcionasse plenamente e o quadro começou a se agravar no final de 2021, com o retorno às aulas presenciais.

Porém, nosso destino nos deu mais um presente e descobrimos que estávamos perto do maior hospital da América Latina especializado em transplante de medula óssea e, já na primeira consulta, com o diagnóstico, a médica disse que iniciaria os procedimentos para que ele recebesse o transplante. Com seis anos, era chegada a hora de mudarmos a estratégia para ele ter mais qualidade de vida.

Gabriel nunca reclamou, sempre aceitou essas intervenções com muita dignidade, mas ao começarmos a rotina semanal em Jaú, ele começou a apresentar cansaço e frustração… Eu sempre acreditei na cura dele, então fazia de tudo para ele acreditar também, e a gente seguia em frente com muita fé! O ano de 2022 foi exclusivamente para cuidar do meu sol; finalmente, ele teria uma vida plena e de muita saúde.

As transfusões nesse período já eram bem mais frequentes, a cada 15 dias, pelo menos. O transplante não era urgente, mas era necessário. Eu fui internada com ele no final de setembro e deveríamos ficar em isolamento absoluto até o final do tratamento. O transplante aconteceu no dia 05 de outubro de 2022 e estava combinado termos alta no máximo em 20 dias, a tempo de comemorarmos o aniversário dele de sete anos com todos os amigos, no dia 28 de outubro.

A medula tem que zerar para que outra "pegue" e isso pode demorar poucos ou muitos dias. A dele pegou tão forte e tão rápido que deu choque séptico; nossos planos estavam sendo sabotados.

Apresentando febre altíssima e persistente, fomos, então, transferidos para a UTI pediátrica. O organismo do Gabriel reagia bem a todos os tratamentos para contornar o quadro infeccioso, mas os pulmões ainda estavam bem comprometidos, tornando necessária a intubação para que ele pudesse descansar e responder melhor ao tratamento. Nesse momento, já era possível que ele recebesse a visita do pai, e passamos a ficar ao lado dele o tempo todo.

Eu chorava muito, jamais chorei e orei tanto. Quando me acalmava, cantava para ele. O tempo foi passando e novas dificuldades foram surgindo… Ele foi emagrecendo de uma maneira que não havia mais músculos em seu corpo, que sempre foi tão lindo e forte. Ele sempre teve muito orgulho dos músculos que ele tinha desde bem pequeno e do lindo cabelinho comprido que ele perdeu, coisa que o deixou muito chateado e eu entendia demais isso. Gabriel amava seus cabelos compridos.

Depois de um mês de muita luta, no dia 12 de novembro, permitimos que o tubo fosse substituído pela traqueostomia e esse procedimento foi o limite para o corpo dele já tão debilitado. Às 22:20 desse dia, de mãos dadas com seus pais, ele voltou para os braços de Deus, em paz e finalmente curado.

Hoje vivemos para cumprir nossa promessa de viver bem em homenagem a ele e à nossa filha Helena. Nosso dia 12 agora tem um triste significado, a partida dele me fez ter a certeza de que realmente era uma criatura iluminada. Ao voltarmos para Brotas, essa cidade tão pequena e linda, fomos recebidos com todo o carinho possível e muitos vieram de São Paulo para a despedida.

Eu não queria essa despedida porque, literalmente, velei meu filho por um mês, mas as pessoas precisavam dessa despedida e, nesse dia tão triste, mais uma vez pude ver o quanto sou amada e o quanto ele realmente era e é especial, uma alma evoluída que deixou muita saudade.

Meu pai sempre dizia que na vida a gente aprende com amor ou com a dor. Hoje sou uma pessoa totalmente diferente pelos dois motivos. Nos últimos anos sofri muitas dores, perdi muita coisa, mas também fui envolvida por um amor tão gigantesco, que todos os dias sinto a necessidade de agradecer, e sempre vou ter a sensação de que esse agradecimento nunca será suficiente.

Muitos dizem que sou forte, mas, na verdade, é minha fé que me deixa de pé para seguir em frente. Deus sempre decide pelo melhor caminho e hoje meu sol ilumina a minha vida lá de cima e tenho a certeza de que nada foi em vão. Foi um privilégio ser a mãe dele, essa mãe que, com certeza, já o encontrou em outras vidas e ainda vai encontrar em mais outras tantas.

Resgate uma mulher e cure uma geração

Se Gabriel é meu sol, meu marido é o meu Vesta (um dos maiores asteroides e que mais reflete a luminosidade do sol). Graças a ele, pude conhecer meus filhos e o brilho da nossa família.

E agora, olhando para minha história, posso dizer que pude contar com uma constelação inteira de mulheres que até hoje me sustenta e permite que minhas relações – com os outros e comigo – sejam cada vez mais leves, verdadeiras, prósperas e positivas. Em uma ponta minha mãe, na outra minha filha e, no meio, minhas irmãs de sangue e de alma.

Que todas nós possamos ter o privilégio de não apenas enxergar, mas também sermos iluminadas e iluminar cada vez mais mulheres ao longo do caminho.

09

VAGA-LUMES E CHEIRO DE JASMIM

Este capítulo fala de mulheres importantes na minha história, que formaram meus valores, minhas crenças e me fizeram ser quem sou. Mulheres comuns, mas extraordinariamente singulares, às quais dedico todo meu respeito, honra e gratidão.

CLAUDIA CHERNISHEV

Claudia Chernishev

Psicóloga formada pela Universidade Presbiteriana Mackenzie, especialista em Psicologia Hospitalar pela Santa Casa de São Paulo e pela Faculdade de Medicina da USP. Pós-graduação em Administração Internacional pela European School of Economics. Experiência clínica de mais de 10 anos e mais de 15 no terceiro setor, como coordenadora do Departamento de Psicologia, sendo, ainda, organizadora de eventos em saúde.

Contatos
Instagram: @claudiachernishev
Facebook: facebook.com/claudia.chernishev
LinkedIn: linkedin.com/in/claudiachernishev
Youtube: @claudiachernishev4573

Quando criança, eu adorava contar histórias. Colocava as bonecas e bichinhos de pelúcia em círculo e ficava lá por horas a fio, falando, falando, falando. Acho que desde muito pequena já sabia o poder terapêutico das palavras.

Passada a infância, a habilidade de contar histórias foi aos poucos se dispersando e dando lugar a outra habilidade, a de escuta. Escutar histórias de vida, de morte, de alegrias e de tristezas, e acredito que foi assim que me tornei psicoterapeuta.

Por meio da fala, o indivíduo tem a possibilidade de entrar em contato com a própria experiência. É por intermédio da fala que ele poderá acessar os sentimentos envolvidos nessa experiência e é por meio da ressignificação dessas experiências que o processo de cura encontra a possibilidade de acontecer.

Hoje, já na meia-idade, me deparo com o desafio de contar uma história de cura, de acolhimento, de sustentação de mulheres, entre mulheres e para mulheres. Um suporte capaz de produzir quebras nos padrões de comportamento e rupturas na transmissão psíquica entre as gerações.

A transgeracionalidade configura-se como a transmissão dos processos de uma geração para outra, em que os padrões de relacionamento se repetem ao longo da história de indivíduos da mesma família, mesmo que as pessoas envolvidas não percebam essa repetição de padrões.

Resgate uma mulher e cure uma geração

Por não se tratar de um texto teórico (confesso que, para mim, seria uma produção mais fácil de desenvolver), pensei em usar esse espaço como parte de meu processo terapêutico e espero, de alguma forma, incentivar e ajudar as mulheres que estejam lendo este capítulo.

Pensei, então, em escrever sobre mulheres que tiveram um papel fundamental na minha história, que foram importantes na criação da minha personalidade, na construção do meu caráter, na minha constituição enquanto mulher, bem como nos padrões familiares que eu decido conscientemente reproduzir.

Minhas referências femininas são mulheres fortes e marcantes, mulheres de garra e potência. Minha avó materna, com quem tive a oportunidade de conviver até a minha adolescência, sempre foi meu exemplo de força e dedicação.

Viúva desde muito jovem, foi arrimo de família de uma casa onde moravam apenas mulheres. Minha bisavó tomava conta das quatro filhas pequenas, enquanto minha avó saía para trabalhar na indústria têxtil, como tecelã. Mesmo sem muitos recursos e sem muito tempo para se dedicar à educação das filhas, minha avó transmitiu valores importantes para as demais gerações, por exemplo, a importância dos laços familiares, da honestidade, da dignidade e, principalmente, da religiosidade.

Recordo-me com carinho de acompanhá-la em eventos e cerimônias religiosas. Das procissões na Sexta-Feira Santa (ritual que pratico todos os anos, impreterivelmente, até hoje), das festas juninas da igreja, das tortas que fazia para celebrar o Natal, dos almoços despretensiosos do domingo, que eram extremamente simples em sua preparação, porém repletos de aconchego, acolhimento e afeto. Recordo-me do pequeno jardim na frente de sua casa, que, ao anoitecer, estava sempre enfeitado de vaga-lumes.

Minha avó paterna veio para o Brasil com sua pequena família (meu avô e meu pai) em meados da década de 1950.

Faziam parte de uma colônia de russos que viviam ao norte da China e que foram acolhidos aqui no Brasil como refugiados. Mulher marcante e impositiva.

Por muito tempo tive dificuldade em entender, ou melhor, aceitar esse seu jeito autoritário. Hoje suponho que seja efeito das diversas marcas de superação e adaptação que ela teve que enfrentar ao longo de sua história.

Lembro-me dela sempre bem arrumada e maquiada, de *tailleur* e acessórios combinando. Metódica, gostava das coisas organizadas a seu modo. Recordo-me das flores de jasmim que eu colhia no jardim para aromatizar seu chá da tarde. Ritual que ela fazia religiosamente todos os dias.

Acompanhei todo seu processo de morte, desde a internação no pronto-socorro até seus suspiros finais na enfermaria. Confesso não ter tido coragem de dizer tudo o que eu queria ter dito para ela: que, mesmo diante de tanta diferença, eu não deixaria de honrá-la.

Da minha mãe, trago as mais doces lembranças. Mulher dedicada a cuidar dos filhos e da família. Recordo-me de me sentar junto a ela no chão da sala para brincar com legos e blocos de madeiras. Da certeza que eu tinha de que no dia seguinte ela estaria ali novamente, disposta e disponível a brincar comigo das mesmas coisas caso eu quisesse, exercendo a maternagem em seu sentido mais amplo.

Recordo do acalanto que ela me dava quando eu estava com medo do escuro, ou dela me fazer sentir capaz diante de alguma dificuldade na escola (seja de relacionamento ou intelectual). Das noites em claro que ela passava quando eu estava doente, ou mais tarde, na adolescência, ela ficava me esperando chegar das festas.

Durante grande parte da minha vida, achei que não era correto minha mãe abdicar de sua vida, trabalho, carreira para se dedicar à família. Apenas hoje, aos quarenta e poucos anos, percebo o quanto minha imaturidade não me permitia compreender a grandeza e a importância dessa sua atitude. Agradeço ainda poder contar com seus cuidados.

Olhando para essas mulheres, posso claramente reconhecer que estou falando e olhando para mim mesma. Sim, estou fazendo um recorte, evidentemente. É apenas um pedaço de uma realidade muito mais ampla, porém, é a parte que optei por trazer comigo para a minha vida e para quem estiver lendo este capítulo.

Todas as experiências pelas quais passamos estão atreladas a uma emoção. Essas emoções podem ser consideradas positivas ou negativas, dependendo do grau de conforto ou desconforto que nos geram. Contudo, o ser humano é capaz de ressignificar uma experiência, ou seja, é capaz de atribuir um novo significado e uma nova emoção a um acontecimento anterior. Assim, algo que era visto como negativo e desconfortável, ao ser observado por outro ângulo, pode gerar um sentimento diferente.

Quando mais jovem (uns 12 anos atrás), fui morar fora do país com duas amigas. Cheias de expectativas e sonhos, acreditávamos que seria o ano mais incrível de nossas vidas.

Peguei toda a economia que havia juntado até o momento para as despesas da viagem; visto, passagem, hospedagem, moradia, curso de pós-graduação, curso de línguas, enfim...

Estava tudo planejado em minha mente: eu voltaria fluente em duas línguas, teria uma experiência profissional no exterior, conheceria diversos países, diversas culturas e diversas pessoas. De fato, tudo isso aconteceu (em maior ou menor grau), mas a carga negativa da experiência não me permitia enxergar isso na época.

Durante a viagem, eu me deparei com diversas dificuldades, as quais eu pensava já ter superado. Porém, fora de casa, longe da minha rede de apoio, as dificuldades pareceram se aflorar. Me sentia diferente e deslocada, entendia perfeitamente o idioma, mas um bloqueio me impedia completamente de me comunicar.

Além do bloqueio relacionado à língua, desentendimentos severos no relacionamento com uma das amigas que eu dividia a casa parecia tornar a situação ainda mais tortuosa.

A outra amiga, no entanto, foi a mais grata surpresa. Apesar de estar tão fragilizada quanto eu (ou mais), ela me ofereceu suporte, acolhimento e foi graças a ela que eu não desisti. Talvez ela não saiba a importância que tem na minha vida e na minha história, embora eu faça questão de ressaltar sempre que possível.

Recordo-me dela revisando meus trabalhos da pós, fazendo minha parte nos afazeres domésticos para que me sobrasse mais tempo para estudar ou simplesmente me fazendo companhia na cafeteria embaixo do prédio quando era insuportável voltar para casa. Seu humor ímpar e sua forma de fazer piada mitigavam o nosso sofrimento.

Por algum tempo (confesso que não foi pouco) não consegui contar essa história sem que meus olhos enchessem de lágrimas.

Foi, portanto, relembrando, revisitando e recontando essa história que eu pude acrescentar novos elementos a ela. Consegui traçar paralelos com a história dos meus familiares e enxergar a experiência por outro prisma, vendo quanto agregou à minha experiência pessoal.

Ao ressignificar minha história, transformo todo o meu sistema familiar. Em uma perspectiva sistêmica, os elementos de um conjunto (uma família, um grupo) interagem e se influenciam mutuamente. Caso ocorra uma mudança em algum desses elementos, essa mudança poderá alterar todo o sistema.

Nesse ponto trago outra mulher importante em minha vida, minha analista, que por anos de terapia me auxiliou no entendimento e nos meus processos de ressignificação.

Acredito, também, que como psicoterapeuta eu tenha auxiliado algumas mulheres em seus processos de ressignificação, tenha auxiliado no resgate da autoestima, na superação de lutos e medos e no rompimento de ciclos prejudiciais de repetição.

Lembro-me de uma paciente que na época tinha 52 anos. Sua queixa principal era se sentir frustrada por não conseguir se aproximar de um cantor sertanejo famoso, pelo qual ela estava apaixonada.

Ela levou algumas sessões falando sobre essa fantasia com o cantor, das coisas que fazia para tentar se aproximar dele durante os shows, de suas expectativas e dos sentimentos que nutria por ele.

Apenas depois do vínculo terapêutico ter se configurado de forma consistente, a paciente começou a falar de seu marido, o qual havia falecido há poucos meses. Contou que se sentia podada por ele, que era submissa e atribuía a ele a responsabilidade por ela não ter terminado os estudos e por não terem tido filhos.

Os atendimentos que se seguiram foram de ataques a esse marido morto, que a havia abandonado e a deixado sozinha, sem filhos e sem perspectivas. Essa raiva foi acolhida e trabalhada durante o processo terapêutico, evidenciando que se tratava de um processo de elaboração de luto.

Durante a vida passamos por diversos processos de luto, sejam eles reais (morte de pessoas próximas) ou simbólicos (perda de algo). A maneira de vivenciar o luto é diferente para cada indivíduo, mesmo tendo algumas similaridades.

Essa paciente ficou por volta de seis meses em terapia, tendo parado o processo por conta própria. Nas últimas sessões, ela estava tirando habilitação de motorista e procurando por cursos profissionalizantes. Quanto ao cantor famoso, ela continuou frequentando seus shows e o idealizando.

Creio ter ajudado essa paciente a entender o processo pelo qual ela estava passando, mesmo apesar de tantas nuances apresentadas durante o percurso. Imagino ter auxiliado não apenas ela, mas algumas mulheres a transformarem suas dores em palavras e ações, saindo de situações que julgavam não serem capazes de sair. Acredito que essas mulheres, assim como eu, puderam fazer outras coisas com suas dores, e produzir realizações incríveis a partir delas. E você, o que fez das suas?

10

SOBRE AQUELA BANDEJA

A cena que está prestes a reproduzir em sua mente a partir das próximas linhas evoca a ideia de autoconhecimento e revelações pessoais, sugerindo que o verdadeiro resgate, muitas vezes, está em olhar para dentro de si e direcionar melhor os próprios pensamentos. Existe um presente, uma mensagem no interior daquela bandeja direcionada àquela jovem e, quiçá, a esta que também lerá.

GABRIELLA GALDINO

Gabriella Galdino

Mentora, terapeuta e palestrante. Graduada em Administração pela Faculdade Evangélica de Rubiataba. Desde sempre, empreendedora, curiosa e fascinada pelos estudos da mente humana e da espiritualidade, contou com diferentes experiências em seus empreendimentos, também no próprio desenvolvimento das capacidades emocionais e comportamentais que foram necessárias em sua jornada. Dedicou-se a especializações como *coach*, analista de temperamentos e terapia integrativa, atuando hoje como mentora comportamental, contribuindo com pessoas e empresas na *compliance* entre comportamentos e metas (preestabelecidas), junto da construção de elementos que trazem um cenário de maior poder pessoal, performance e resultados. Promove palestras para grupo de mulheres líderes e empreendedoras, que visam se destacar em seus empreendimentos, carreiras e vida por meio do desenvolvimento das competências emocionais. É também coautora do livro *As donas da p****toda: celebration,* pela Literare Books International.

Contatos
gabriella.galdinoo@gmail.com
Instagram: @gabriellagaldinoo_
LinkedIn: linkedin.com/in/gabriella-galdino
62 98584 2920

Era uma noite de lua cheia, em uma praia tranquila e deserta, iluminada pela luz lunar que também se refletia no mar. A brisa salgada soprava suavemente, trazendo consigo o aroma e o frescor das pequenas ondas formadas no mar.

Em meio a esse cenário de beleza abundante e exuberante, caminhava solitária uma jovem, com seus longos fios de cabelos loiros que dançavam ao sabor do vento. Quando, de repente, avistou em meio ao mar algo que se aproximava.

A imagem foi ficando cada vez mais evidente, era uma pessoa caminhando sobre as águas. Mas não era qualquer pessoa, era um homem de brilho incomum, trajando uma linda veste branca, trazendo em suas mãos dois objetos. Na sua mão direita havia um pequeno sino, cujo tilintar era cada vez mais nítido à medida que se aproximava e, na outra mão, à esquerda, uma bandeja, ambos os objetos dourados e reluzentes.

Aproximou-se daquela jovem e entregou a ela a bandeja, dizendo-lhe: "Isso é tudo que você precisa". A jovem, com sua curiosidade aguçada, não demorou para fazer os movimentos, pegá-la e olhar para o que havia naquela bandeja.

O que ela não esperava é que ela se depararia com o próprio reflexo em um espelho que ali havia. Um espelho de modelo simples, retangular, com moldura plástica laranja, como aquelas que se via na casa dos avós.

Uma emoção percorreu todo seu corpo, expressando em lágrimas que escorriam pelo seu rosto, a fazendo questionar internamente: "Como assim, eu preciso de mim? E Deus fica onde? Isso seria egoísmo da minha parte".

Esses eram seus pensamentos, mas sábio era aquele homem que estava ali, sobre as águas, Ele parecia ler cada palavra da mente daquela jovem, sem que ela precisasse questionar verbalmente a dúvida interna que a assolava, Ele a respondeu: "Isso é tudo que você precisa" e, após um minutinho de silêncio, complementou: "Acreditar em si mesma!".

Ele se virou e foi embora da mesma forma como chegou, com um tilintar suave do sino, que se misturava com aquela leve brisa que sumia ao infinito.

Essa história, apesar de parecer fruto de uma criação imaginária, na verdade foi uma visão clara, real e nítida, a qual exponho pela primeira vez em público. A pessoa que caminhava sobre as águas era claramente Jesus, e a jovem que ali se encontrava era eu.

Essa visão aconteceu no ano de 2022, em um momento de oração durante a missa da quinta-feira da Semana Santa (em que celebramos a Paixão, Morte e Ressurreição de Jesus Cristo).

Não quero impor aqui nenhuma crença religiosa, mas sim trazer luz ao que essa experiência e visão trouxeram de valor à minha vida. Valor que reside na minha transformação pessoal, no meu resgate e que, naturalmente, reverbera.

Quantas vezes deixamos as dúvidas e os medos que carregamos em nossa mente obscurecerem nossa verdadeira essência? Muitas vezes tudo o que precisamos é acreditar na gente.

A ficha caiu para mim e para muitas outras mulheres também, porque, nesse processo de resgate, fui me aproximando cada vez mais de mim mesma, e, consequentemente, me conectando com pessoas, ferramentas e caminhos que me possibilitaram, e possibilitam cada vez mais, resgatar outras pessoas.

A oportunidade para publicar minha primeira obra em coautoria aconteceu logo após essa visão; imediatamente veio em minha mente discorrer sobre as causas que levam uma mulher a duvidar da própria capacidade e como mudar essa postura.

Tal obra, além de me fazer chegar a mais mulheres, levando junto a transformação que carrego em meu coração, foi também uma maneira de reconhecer e abraçar minha singularidade, insegurança e a expressão honesta da minha jornada.

É nítido o quanto a transformação grita dentro de nós, e que muitas vezes ela só espera pelo passo mais definitivo, o de dar uma chance a si mesma. E você se dá essa chance quando decide acreditar em você, acreditar no que faz, acreditar no seu sonho, no seu chamado e se permitir entrar na dança da vida.

Sempre existirá uma dança emocionante e desafiadora nos convidando para entrar na pista e embalar na melodia, nos passos e movimentos. No entanto, esse cenário nos exigirá sempre uma única escolha: correr risco ou arriscar.

Correr risco é ficar apenas com um pé à beira da pista, observando a dança acontecer, vendo os outros dançando, sentindo a energia contagiante, mas não se permitindo entrar na dança. Isso porque o medo do desconhecido e a incerteza sobre a própria capacidade em seus movimentos impedem você de se entregar à experiência.

Embora aquele lugar onde esteja faça você se sentir segura em sua zona de conforto, no fundo, fica uma sensação de arrependimento por não ter se arriscado a dançar e sentir a alegria dessa experiência única.

Por outro lado, arriscar é colocar os dois pés na pista, é sentir o coração acelerar, as borboletas no estômago e a ansiedade do novo. À medida que você se deixa levar pela música e pelos movimentos, começa a descobrir novas formas de se expressar, de se conectar com os outros dançarinos e de sentir a emoção pulsante da dança. Mesmo que seus passos não sejam perfeitos, você se sente viva, confiante e cheia de energia.

Resgate uma mulher e cure uma geração

A dança da vida é sobre isso. Correr risco é perder a chance de dançar, e arriscar é encontrar a magia da autenticidade e do crescimento pessoal, permitindo o próprio resgate e o resgate de quem encontrarmos pelo caminho.

É engrandecedor quando nos damos essa permissão, pois deixamos que essa magia da dança nos conduza a lugares inimagináveis. Eu acredito fielmente que tudo tem um propósito, tudo o que acontece tem um significado e um aprendizado para ser absorvido ali. Experimentei por diversas vezes o quanto uma situação insiste em se repetir só para que a gente aprenda ou até mesmo aceite a lição que aquilo quer nos ensinar.

Você que está lendo este livro hoje pode ter certeza de que há um propósito na sua vida. Em meio às entrelinhas, alguma informação valiosa pode saltar aos olhos e transformar seu momento, sua mente, sua vida. Você só precisa estar aberta e atenta a isso.

Nenhum *insight*, informação, ideia chega até você sem que, de alguma forma, esteja pronta para receber e até mesmo lidar com aquilo. Se a chavinha chegou a você, é porque existe a condição de girá-la.

Este capítulo, por exemplo, tinha todos os motivos para não conseguir ir à publicação, e se ele foi, pode ter certeza de que teve um forte propósito por trás que moveu as possibilidades, tornando isso real. Inclusive foi ela, Natalia G. Viotti, uma mulher incrível, que eu admiro muito e tive o privilégio de conhecer, que resgatou essa oportunidade, esse sonho e, também, essa mulher, eu.

A vida sempre nos presenteia com pessoas maravilhosas, que estão ali para nos resgatar no dia a dia, como também nos ensinar a resgatar o próximo. Em minha jornada sempre pude contar com apoio de familiares, como também do meu esposo que, por muitas vezes, precisou resgatar em mim cada pontinha de esperança que ainda poderia haver nos meus sonhos e projetos.

Eu sempre fui alguém que nunca desiste dos sonhos, mas também descobri que era alguém que dificilmente desistia do péssimo hábito de alimentar pensamentos que me autolimitavam e, também, me autodestruíam. Isso acontecia não por escolha, mas por ainda não ter fortalecido a capacidade de escolher o que pensar ou não pensar, como também sustentar o melhor pensamento. Ou seja, eu ainda não tinha o mínimo de autodomínio.

Na Bíblia, temos: "E não vos conformeis com este mundo, mas transformai-vos pela renovação da vossa mente, para que experimenteis qual seja a boa, agradável e perfeita vontade de Deus" (Romanos 12:2).

A mente é a sede dos nossos pensamentos, responsável pelas nossas ações e, consequentemente, nossos resultados. É na mente que o resgate deve acontecer, pois nenhuma mudança é concreta e real quando feita no nível dos efeitos/sintomas.

Com meu senso de investigação e curiosidade, naturalmente me envolvia com assuntos sobre a mente humana, mas não percebia que isso era mais do que um interesse, mas um chamado que sempre me direcionou a uma jornada interna, também de resgate.

Tive a oportunidade de conhecer e levar processos terapêuticos que justamente atuavam na causa raiz do conflito, processos capazes de restaurar não somente a saúde emocional, mas também a saúde física daqueles que atendia, em especial, mulheres que amo muito: minha mãe e minha prima.

O caso delas, particularmente, sempre me chamou atenção, primeiramente, porque são sangue do meu sangue e eu, por anos, frequentemente as via sofrendo com dores crônicas de uma doença autoimune. Desde menina eu sentia um desejo imenso de poder fazer algo, era como se eu ouvisse um sussurro em meus ouvidos: "Você pode ajudar".

E eu nunca compreendia isso, não era minha área, e, aos olhos da medicina tradicional, seria algo incurável, mas aquela chama de que "tudo é possível", sempre acesa em mim, me fazia mergulhar nos conhecimentos da mente humana e da fé, e eu me surpreendia ainda mais com nossa capacidade de realizar as coisas.

Foi pelo meu servir, dentro dos meus processos terapêuticos, que vi uma melhora exponencial em ambas. Elas se viram sem as dores e, já nas primeiras horas depois da sessão, não as sentiam mais como antes. Atuo no nível das causas emocionais, e não meramente em seus sintomas, então consegui entender por que era tão latente em mim aquela ideia de "você pode ajudar".

É incrível o quanto os caminhos sempre nos direcionam para onde devemos ir, sempre nos levando a um caminho de resgate, seja de um sonho esquecido, de um negócio falido, de uma pessoa que precisa se curar ou despertar, de uma alma entristecida, de uma capacidade que precisa ser trazida à tona para aprender uma nova habilidade, de um relacionamento que pede por uma reconstrução, como também o caminho que nos leva ao resgate de nós mesmas.

Não sei o que você pode estar carregando no seu coração nesse momento, só você (e Deus) sabe. Mas pare um pouquinho, respire e observe o que essa questão quer te mostrar, o que ela está tentando comunicar, o que precisa ser resgatado em si. Pode ser que seja a fé, o perdão, a compaixão, a empatia, o amor, mas também a decisão, a firmeza ou o descansar.

Algumas vezes você vai ter alguém para te resgatar, e muitas outras vezes, somente a si mesma. Principalmente, se não temos o hábito de pedir ajuda e de nos abrir para ela.

É comum a vida te forçar em alguns momentos a isso, e quando digo forçar, é no sentido de experimentar tantas vezes o gosto amargo daquela água no fundo do poço, a ponto de chegar a um nível de não ter alternativa a não ser parar de cavar o buraco, olhar para cima e pedir ajuda ou, com toda a força que ainda restar, agarrar-se às paredes e subir, o que pode muitas vezes te machucar ainda mais. Na dúvida, é melhor a primeira opção.

Descobri que as coisas não precisam ser assim, e, se acabaram sendo, é porque tinha algo que você precisava enxergar o que ainda não estava enxergando, como o foco dos pensamentos.

Se nossos pensamentos são capazes de moldar nossos destinos pelo simples fato deles serem a base das nossas emoções, atitudes, comportamentos, decisões e resultados, é ali onde o resgate precisa ser feito com toda força.

Nascemos com uma luz que brilha sobre nós, mas tão importante quanto brilhar sobre nós é deixá-la brilhar por nós, e isso só é possível quando não deixamos os pensamentos negativos dominarem nossa mente e, consequentemente, nossa vida.

Pensamentos de medo, ansiedade, culpa, insegurança e todos aqueles que, ao contrário de nos fazer crescer e materializar sonhos verdadeiramente desejados, nos mantêm em um estado mental de fracasso, inferiorização e incapacidade, impedem que esta luz não apenas deixe de brilhar em nós, mas também por entre de nós.

Decidir que essa luz brilhe ainda mais intensamente sobre nós e, principalmente, ressoe por nós, será preciso acolher a mensagem trazida naquela bandeja entregue por Cristo a mim naquela visão que descrevi acima.

Não importa se ela foi real, absurda ou imaginária, o que importa é o valor da mensagem que chegou a mim e, agora, a você.

Sobre aquela bandeja havia um espelho que refletia a imagem daquele que a olhava, e que, naturalmente, refletia a imagem Daquele que o criou, afinal, Deus disse: "Façamos o homem à nossa imagem e semelhança" (Gênesis 1: 26).

Resgate uma mulher e cure uma geração

Portanto, jamais duvide do poder que existe dentro de você e não se esqueça que talvez tudo que você precise seja apenas acreditar em você.

11

GRITOS VELADOS

Desde a infância, fomos ensinadas a buscar perfeição e apoiar incondicionalmente nossos parceiros, independentemente das circunstâncias. Porém, em relação a outras mulheres, frequentemente fazemos comparações e competições fúteis, que geram distanciamento e frieza. É preciso coragem para nos abrirmos ao autoperdão, que está intimamente ligado à troca de experiências sem julgamentos e apontamentos. Muitas vezes, falar é mais difícil que ouvir, pois não nos ensinaram que é a escuta ativa e o olhar acolhedor de outra mulher que podem ser, de fato, o suporte que precisamos para sermos nós mesmas e vivermos, enfim, nosso propósito.

ILMA FREITAS

Ilma Freitas

Farmacêutica especialista em Estética Avançada e Cosmetologia; conselheira do CRF/RO. Coordenadora do Grupo de Saúde Estética do CRF/RO. Escritora e palestrante. CEO Dra. Ilma Freitas Concept – Clínica e Instituto de Educação Multidisciplinar para Profissionais na Área da Saúde. Mentora e docente em cursos de pós-graduação em Estética Avançada. Idealizadora *Mentoring Day – Hands-on* em harmonização facial para injetores.

Contatos
drailmafreitas.com.br
ilmajpr@hotmail.com
Instagram: @drailmafreitas
@drailmafreitasconcept
69 98427 1005

Marina sentou-se ao meu lado na delegacia, absolutamente decidida a não ir embora. As filhas estavam na escola e sua mãe iria buscá-las, se necessário, mas ela permaneceria comigo até que eu fosse ouvida.

De cabeça baixa, tentando me fazer invisível a todos naquela pequena cidade, meu único desejo era ir embora. Tudo em torno me oprimia e envergonhava. "Pra que registrar uma ocorrência?", pensava. "A única prejudicada serei eu com essa exposição". "Não há necessidade disso. Posso mudar a minha vida sem passar por uma delegacia". Os pensamentos inquietantes e o desconforto eram ignorados por ela que, gentilmente, repetia: não vou te deixar. Farei por você o que não fizeram por mim. Só sairemos daqui depois que você registrar o boletim de ocorrência.

Marina foi crucial à minha virada de chave. Eu não tinha condições de entender naquele momento o quanto aquele documento e aquele gesto eram necessários. A ausência de denúncias em dezenas de situações de violência que antecederam aquela tiravam minha credibilidade e o meu direito a um pedido de ajuda. Mas a vergonha da exposição sempre impediu qualquer iniciativa.

Narrar os fatos à autoridade foi ainda mais constrangedor. "Quantas vezes eles ouvem isso por dia?". Sou um número, uma estatística. "E em casa?". A retaliação viria em forma de mais violência. "E as pessoas em torno? Meu trabalho, amigos, vizinhos". "E a minha "vida perfeita", construída em cima de centenas de mentiras que contei a mim mesma?". Marina entrou na minha vida para um propósito que só entendi anos mais tarde.

Eu a conheci na academia poucos meses antes do ocorrido e, por acaso, soube que tinha uma linda história de superação. Conectamo-nos rapidamente e, talvez por sua rica experiência, ela tenha ouvido meu grito silencioso por socorro. Eu não sabia que precisava de tanto até estar ali, sendo encorajada a prosseguir.

E foi olhando para ela, uma mulher tão gigante e tão distante de todo mal que lhe fizeram que encontrei esperanças naquela manhã interminável. Ouvindo-a tão curada, desejei ardentemente ser livre. Livre como ela. Ela falava sem chorar. Suas dores ficaram para trás e ela encontrou um novo amor. Seria uma exceção?

Durante 14 anos estive mergulhada em um relacionamento tóxico, abusivo e permissivo a todo tipo de violência. No entanto, criada para casar e ter filhos, tentei ser uma boa aluna da "cartilha de mãe e esposa". Nessa tentativa, ignorei as premissas mais básicas como respeito e dignidade. Estava tão envolvida em fazer dar certo que acreditei, sinceramente, que conseguiria manter as aparências.

Íris é uma daquelas mulheres que a gente sabe que é incrível assim que a encontra. Decidida, autêntica e segura. A primeira visita dela à minha casa causou um misto de admiração e desconforto. "Ela é muito perspicaz", pensei. Vai sacar!

Viver uma vida baseada em mentiras tem seu preço e eu equilibrava extremos. Minha vida familiar era pautada em acordar cedo, trabalhar como uma operária e passar o mais despercebida possível. Era impossível ter voz e opinião sem correr o risco de ser desacreditada e ridicularizada pelo, então, marido. Há tempos eu evitava todas as discussões sobre mudar ou melhorar aquele relacionamento. Estava no automático, e fazer com que todos acreditassem que éramos a família do "comercial de margarina" era minha missão diária, até porque eu tinha uma vida profissional a zelar. Publicamente, eu era uma mulher ativa, destaque no meio acadêmico e bem-sucedida na profissão.

A parte mais dolorosa e incompreensível (só entende quem vivenciou) sobre a violência psicológica é o quanto ela é limitante. Como uma doença que se espalha de forma incapacitante, ela mina o amor-próprio, a fé em si mesmo e a capacidade de reação. Atualmente, costumo dizer em minhas palestras que somos "adestradas" para viver de acordo com as condições e emoções impostas pelo outro. Eu sei que a palavra é forte, mas descreve perfeitamente o estado emocional e reacional em que nos deparamos.

A grande ironia é que muitas mulheres não têm motivação profissional, tampouco financeira, para permanecer nessa condição de abuso. Mas o sucesso e a reação, insisto, é inversamente proporcional. Quanto mais notoriedade minha profissão me trazia, mais necessidade eu encontrava de sublimar minha dor, esconder minhas emoções e fazer silêncio. Anos depois da minha cura, quando finalmente levei a público minha história, recebi mensagens privadas de médicas, delegadas, procuradoras, empresárias, professoras, todas com a mesma narrativa: nunca teria sua coragem. Não saberia viver com essa exposição. Eu as entendo, durante muito tempo partilhei da mesma opinião.

Íris se tornou uma grande amiga. Discreta e observadora, não fazia perguntas, mas eu sabia que, se necessário, teria seu apoio. Não que eu fosse precisar, é claro, eu insistia em acreditar que estava tudo sob controle. Embora a decisão de denunciar tivesse me levado a reunir forças para o próximo passo, parte de mim ainda relutava em admitir que havia fracassado em minha jornada de esposa. Não tive muito tempo, logo outra cena de violência se repetiu e, num ímpeto de coragem em meio àquele tormento, fugi com minha filha de cinco anos de idade.

Resgate uma mulher e cure uma geração

Alguns momentos dessa retomada foram marcados pelo desespero, e esse foi um deles. Não era um até logo, tinha que ser um adeus. Tantos anos para tomar coragem e agora eu estava dentro de um carro com duas malas e nada mais. Emocionalmente, eu estava um trapo. Havia escutado diuturnamente que eu não era capaz e, adestrada, senti um medo paralisante quando me vi na estrada com quatrocentos quilômetros de rodovia pela frente. Preciso dizer que, atualmente, percorro o mesmo trajeto todos os meses para atender meus queridos pacientes do interior, e o faço com a alegria de quem ganhou na loteria. É libertador! O som alto, as curvas da estrada ficando para trás, a adrenalina da rodovia, pé no acelerador, mãos firmes no volante encurtando distância, promovendo autoestima, sendo recebida pelos meus e reencontrando amigos. Eu escreveria horas sobre o quão terapêutico têm sido esses percursos; mas, naquele dia, tudo que eu via era escuridão e medo. Trêmula, insegura, assustada com a responsabilidade de conduzir minha criança dormindo no banco de trás, eu mal saía do acostamento. Liguei para Íris e a informei que estava partindo. A energia na voz dela e as palavras de incentivo quase me fizeram acreditar que seria fácil. Mas não foi. Os ombros doíam tanto que a dor se estendia para os braços. A cabeça girava, os olhos ardiam e a vontade de chorar gritando era imensa. Eu estava deixando tudo, inclusive meu filho primogênito. O choro não me deixava dirigir, a vista embaçava e não tenho vergonha de confessar que pensei em desistir. Mas não o fiz e fui ganhando distância. Percorri longos trechos sem comunicação, mas a cada cidadezinha que eu cruzava e o celular entrava em área, recebia áudios e ligações de Íris encorajando-me. Nenhuma mensagem demonstrava preocupação ou receio. Em todas, Íris tinha certeza de que eu estava bem e que iria conseguir. Sua força, amizade e cuidado foram meus primeiros armamentos para a guerra que viria a seguir.

Minha reconstrução foi marcada por saudade, dor e escassez. Faltou quase tudo. Foram semestres de muito choro, negação e revolta. Eu não me perdoava pela escolha equivocada. Por que eu me permiti ser tratada daquele modo? Por que não reagi? Sobretudo, eu buscava encontrar a mim mesma e todos os dias eu remoía a mesma dor procurando a mulher corajosa que eu havia sido antes daquela relação. Em algum lugar, a menina que aos 26 anos havia concluído sua primeira faculdade, comprado seu próprio carro e conquistado independência financeira vinda de uma família paupérrima, tinha muito do que se orgulhar.

Essa dor foi aplacada quando reencontrei Deus. Eu relutei muito em me aproximar de Rosa. Ela é uma daquelas pessoas que possui uma intimidade diferente com o criador e era exatamente o tipo de pessoa que eu precisava por perto para aquecer minha fé. Mas assim como me senti envergonhada diante do delegado quando decidi denunciar, sentia um enorme desconforto em permitir a proximidade dela e em contar-lhe minhas aflições. "O que estou vivendo é fruto das minhas escolhas", repetia para mim. "Não faz sentido incomodar os outros com meus problemas". Mal sabia o quanto ela estava disposta a lutar por mim e o quanto ela fez e continua fazendo com seu coração bondoso, altruísta e benevolente. Dela, foram os "ouvidos e joelhos" que alimentaram minha fé durante a escassez da pandemia e isso me fez entender que não é "por quê?" e sim "para quê?" estou passando por isso. Entendendo o tamanho do propósito, aceitei o processo; e sempre que algo fica incompreensível, repito esse exercício.

Ana fez 70 anos há poucos dias. Eu a conheço há 19 anos e, durante 14, fiz parte de sua família. Mulher à frente do seu tempo, liderou com maestria equipes masculinas, nunca se corrompeu com sua alta patente em cargo público e se aposentou com honras.

Resgate uma mulher e cure uma geração

Sua vivacidade e jovialidade me encantaram desde o primeiro encontro. Dona de uma língua afiada, eu me assustava com seu excesso de sinceridade, mas isso também me instigava a conhecê-la melhor. Mas não houve reciprocidade. Em seu aniversário de 60 anos, coloquei uma caixa com sapatinhos de bebê sobre sua mesa e, com muita alegria, avisei que seu sonho de ser avó de menina seria realizado. Tinha esperança de que esse laço, enfim, nos aproximasse, mas ao longo do tempo, me frustrei com as tentativas malsucedidas. Ana não me conhecia de fato e as informações que tinha a meu respeito, manipuladas e controversas, certamente não despertavam qualquer admiração por mim.

Mas, na semana do nascimento da bebê, ela estava presente. Na noite anterior ao parto, eu estava à beira de um colapso. A gestação conturbada e a ansiedade me renderam exatos 26 quilos em nove meses. Foi reconfortante quando ela subiu ao meu quarto e gentilmente ofertou seu fone de ouvido com uma playlist suave e relaxante. Na madrugada, seguimos para o hospital juntas e, embora em silêncio, eu senti seu apoio e emoção. Ela era a presença feminina mais inspiradora que eu desejava para minha filha em sua chegada a este mundo.

Não por acaso foi ela quem nos acolheu naquela noite de recomeço, cinco anos mais tarde. E quando eu achei que não encontraria forças para suportar mais um único dia de perdas, ela me apresentou a PNL e a hipnose. Em outros dias cinzentos, compartilhou comigo sua tela com programações sobre perdão, gratidão e padrões vibratórios. Limitada financeiramente, eu tentava ajudar nas despesas da casa, mas ela devolvia o dinheiro sutilmente em seguida.

Eu estava em pedaços, reduzida a viver temporariamente com minha filha em um quarto, abrindo mão de toda construção material das duas últimas décadas. No rosto fraturado, os hematomas da cirurgia reparadora; na bolsa, uma medida protetiva de urgência; e, como teto, a casa daquela mulher cujo filho agressor havia mudado drasticamente nossas vidas. Como em transe, eu a ouvi dizer enquanto abria os portões: aqui entram você e minha neta. Não ele!

Ficamos algumas semanas guarnecidas e amparadas por aquela avó, e eu, mergulhada na minha própria tragédia, não me dei conta que isso a obrigava olhar para meu rosto ferido todas as vezes em que eu saía do quarto. Não consegui pensar na dor dela. Não naquele momento.

Mãe de dois filhos homens, ela estava de luto pela recente perda do filho mais jovem. Não imagino quais pensamentos tinha a respeito da própria família ao me estender a mão. E eu a amo ainda mais por isso.

É possível que tudo isso tenha contribuído para que ela me visse sob outra ótica, ou não, mas a vida seguiu, encontrei motivação para recomeçar e voei.

Vê-la na inauguração do meu primeiro consultório algum tempo depois me deixou muito feliz. Dois anos mais tarde, na inauguração da clínica no shopping, ela me emocionou com um texto carinhoso, rico em positividade. Atualmente, ela se identifica como minha sogra na recepção da nova clínica e eu sei que, a despeito de qualquer coisa negativa que ela tenha ouvido sobre mim, o tempo provou que nenhuma idiota chegaria tão longe.

Vânia sentou-se à minha frente no consultório e disparou: "Sabe por que estou aqui? Para não mendigar amor, como faço todos os dias na frente da empresa do meu ex-marido. Só queria que ele voltasse para casa, de qualquer jeito, sob qualquer condição. Eu perdoo". Me conta, implorava. "Em que momento isso deixa de doer? Como você fez para seguir em frente?".

Ela recebeu uma ligação, e embora eu não a conhecesse, percebi, pelo teor da conversa, que, além de linda e delicada, ela era bem-sucedida profissionalmente. Vê-la ali tão parecida com a Ilma de quatro anos atrás despertou muita ternura em mim. Eu a entendia como ninguém e, infelizmente, ela não era a única. Iguais a ela, recebo dezenas de mulheres que passaram ou ainda estão passando por humilhações que as fizeram esquecer quem são.

Susy me abraçou no corredor e disse: "Eu sinto paz aqui! É tão bom fazer parte da sua equipe. Obrigada por me acolher! "Durante muito tempo me fizeram acreditar que eu não era capaz".

Essa frase veio de uma mulher forte, competente e linda, que eu jamais imaginei carregar traumas. Choramos, sorrimos, nos recompomos e voltamos ao atendimento.

O choro é solto aqui. Nunca saio inteira, sempre deixo carinhosamente uma parte preciosa com essas mulheres com as quais me conecto diariamente. Quis Deus que eu viesse primeiro e, aqui nessa cidade, construísse, do zero, não apenas minha vida, mas um lugar de acolhimento e carinho.

Todos os dias, dentro desse ambiente, tenho certeza de que não estou aqui para fazer florescer apenas a beleza estética dessas mulheres, mas também para regar o único amor insubstituível em suas vidas: o próprio.

> *Conheça todas as teorias, domine todas as técnicas, mas, ao tocar uma alma humana, seja apenas outra alma humana.*
> CARL JUNG

12

A ARTE DE TRANSFORMAR DORES EM RECURSOS

Neste capítulo, vou compartilhar a inspiradora jornada de minha avó materna, Enith Frauches. Sua trajetória é um exemplo de coragem na vida, característica que moldou não apenas a própria existência, mas também a forma como eu sinto e vejo a vida.

ISABELE ROCHA

Isabele Rocha

Advogada. Pós-graduada em Gestão Empresarial (FGV/RJ), Gestão de Redes de Atenção à Saúde (ENSP/Fiocruz), Gestão de Serviços em Saúde (UFF/RJ). Especialista em Psicologia Positiva, Ciência do Bem-estar e Autorrealização (PUC/RS). Facilitadora em constelação familiar. Facilitadora em Ho'oponopono. Reikiana nível II. Terapeuta, treinadora comportamental e palestrante. Fundadora da Gestão Humana, empresa dedicada ao fomento do bem-estar humano e corporativo por meio de consultorias, mentorias e treinamentos para gestores e líderes. Coautora do livro *Pílulas de cura*. Filha de Oldemar e Janir. Esposa do Djalma e mãe do Pedro. Acredita em um mundo onde pessoas possam viver com mais bem-estar e qualidade de vida e empresas possam desfrutar de saúde integral por meio da humanização de seus processos e liderança.

Contatos
www.isabelerocha.com.br
Instagram: @isabelerocha
Facebook: facebook.com/isabelerocha
LinkedIn: linkedin.com/in/isabelerocha/

Isabele Rocha

> *Quando uma mulher decide curar-se, ela se transforma em uma obra de amor e compaixão, já que não torna saudável somente a si própria, mas também a toda a sua linhagem.*
> BERT HELLINGER

Ao refletir sobre a história de vida dessa mulher que viveu à frente do seu tempo, sou preenchida por uma profunda gratidão. Ela teve uma presença marcante no meu sistema familiar e foi uma figura que transcendeu os limites do tempo e do espaço, conectando-nos com as gerações passadas e fornecendo uma base para nosso próprio desenvolvimento.

Desde o momento que a vida da minha mãe foi plantada no ventre da minha avó, havia um tesouro guardado: seus óvulos que um dia se tornaram meus irmãos e eu. Ali já se mostrava presente uma conexão amorosa com a essência de tudo o que ela era: coragem, força e sabedoria.

Enith Frauches, chamada carinhosamente de Vó Nita, nasceu em 13 de outubro de 1913. Era filha de Isidoro Frauches Júnior e Agostinha Frauches e a sexta dentre oito irmãos: Hélio, Elsa, Antônio, Hermes, Edy, Enith, Rub e Adelaide, com quem compartilhava a vida e seus desafios.

Com pouco estudo e muita garra, desafiou as convenções sociais e quebrou diversas barreiras, como a cultura do patriarcado. Sua coragem a levou a abrir o próprio negócio nos anos

Resgate uma mulher e cure uma geração

1940. Naquela época, as mulheres tinham uma vida restrita aos cuidados com o lar, mas ela enfrentou as incertezas e trilhou o próprio caminho. Seu primeiro empreendimento foi um ateliê de costura para fabricação de fardas. Com a ajuda da sua filha mais velha, Janir, minha mãe, carregava os pesados fardos de uniformes e fazia as entregas na Marinha do Brasil.

Ela era um exemplo de como a confiança na vida, ou a falta dela, molda a nossa realidade. Cozinheira de mão cheia, foi incentivada por amigos a inaugurar uma pensão e oferecer comida caseira de qualidade a bancários e demais trabalhadores da região. Deu um salto de fé.

Sua determinação em criar o próprio destino não se limitava apenas à esfera profissional. Nos anos 1950, teve mais uma confirmação poderosa de sua coragem e abriu caminho para uma vida pessoal de autonomia e independência. À medida que o negócio prosperava, os conflitos no casamento se intensificavam. Havia rumores de que meu avô tinha outra família. Ela vivia um casamento infeliz, com duas filhas adolescentes, quando tomou a ousada decisão de pedir o desquite, uma espécie de separação que futuramente deixou de existir com o advento da Lei do Divórcio. Uma escolha que a sociedade não apenas desaprovava, mas também condenava. Isso era praticamente impensável para a época, mas ela não se deixou abater pelas circunstâncias e se libertou de um relacionamento amoroso disfuncional.

Causou mudanças na estrutura familiar e permaneceu firme em sua convicção de que merecia uma vida plena e autêntica, livre das amarras de um casamento fracassado. A decisão de se desquitar foi um ato de libertação pessoal e uma ruptura que reverberou em todos que vieram depois.

Na pensão, meus pais se conheceram, namoraram e minha mãe logo foi pedida em casamento. Ela conta que minha avó queria ver as filhas bem casadas e tendo um destino diferente do seu. Coincidência ou não, assim aconteceu; ambas casaram e viveram com seus respectivos maridos até que a morte os separasse.

Enquanto eu crescia no ventre da minha mãe, de quem herdei a fé e tantos outros recursos, já estava envolta em uma teia de emoções transmitidas silenciosamente e carregava comigo as vibrações do legado da minha avó, fortalecendo-me para enfrentar os desafios que, inevitavelmente, surgiriam em minha jornada.

Sua coragem de enfrentar as adversidades foi transmitida para mim de forma sutil, mas poderosa. Guiada por essa força ancestral, em diversas fases da vida, ativei o recurso da resiliência. Uma delas ocorreu quando enfrentei um dos meus maiores desafios, um câncer de ovário em estágio inicial, aos 25 anos de idade, recém-casada e com um desejo enorme de ter filhos biológicos. Diante de tantas incertezas, busquei ajuda dos melhores profissionais, fui envolvida pelo apoio da família e de amigos verdadeiros. Passei pelo tratamento e fui curada.

Acredito que cada desafio ensina algo precioso sobre nós mesmos e sobre o mundo ao nosso redor. Essas experiências nos fortalecem e nos lembram da nossa capacidade de superação. Aprendi a abraçar a vida com coragem e resiliência, a encontrar força nas adversidades e a enfrentar os desafios de cabeça erguida, características também presentes na minha mãe.

Somos o resultado do encontro dos nossos antepassados. Traços genéticos, padrões comportamentais e emocionais são transmitidos de geração em geração, influenciando de maneiras sutis e poderosas a jornada de quem vem depois. Essa conexão, além de ser uma fonte de força e inspiração, também traz consigo a responsabilidade de honrar a sabedoria da ancestralidade, reconhecer essa herança e preservar a riqueza de suas raízes. Ao compreender a importância e a influência desse vínculo, nos tornamos capazes também de nos libertar das limitações impostas e fazer diferente.

Resgate uma mulher e cure uma geração

Quando entendemos que carregamos não apenas nossa história, mas também a história de nossos antepassados, com todas as suas conquistas, desafios e triunfos, alegrias e tristezas, derrotas e vitórias, essa força nos impulsiona a explorar o máximo potencial, a seguir nossos sonhos e a criar um impacto positivo no mundo.

Tenho excelentes recordações do convívio com a minha avó nos anos 1980 e 1990, período da minha infância e adolescência, quando ela passava breves temporadas na minha casa. Sempre independente, chegava e ia embora de acordo com a própria vontade. Era uma mulher extraordinária, de uma potência intrigante! Uma verdadeira mestra na cozinha, nas habilidades manuais e também na arte de transformar dores em recursos.

Com sua alma sábia, encontrou na terra uma de suas fontes de reflexão. Uma de suas atividades favoritas era andar pelos terrenos baldios da vizinhança para coletar esterco de boi e de cavalo. Isso mesmo! Enquanto as pessoas torciam o nariz para essa tarefa, ela sorria e me encorajava a fazer o mesmo. Com suas mãos habilidosas e nenhuma frescura, colocava aquele tesouro orgânico em sacolas e transformava o esterco em um adubo poderoso, capaz de fazer florescer as mais belas árvores e plantas das redondezas.

Recordo-me das inúmeras vezes em que saímos para plantar mudas de árvores nos arredores da minha casa. Era um movimento sempre bem coordenado por ela e minha mãe. Ali eu observava e aprendia sobre a importância do esforço constante e de acreditar no poder do tempo. Era como se estivéssemos sempre trabalhando juntas para criar algo belo e significativo.

A conexão com a natureza e o compromisso com o processo de transformação trazia uma lição valiosa: assim como minha avó fazia do esterco um adubo que nutria a terra, nós também podemos encontrar maneiras de transformar nossas dores em algo positivo.

Sua postura ensinava que as dores que experimentamos não precisam nos definir; em vez disso, elas podem ser transformadas em recursos preciosos para o nosso crescimento pessoal. Ao observar seus movimentos, navegando pelos altos e baixos da vida com graça e determinação, aprendi a acreditar que o melhor sempre está por vir, que posso lutar pelos meus sonhos, superar obstáculos e encontrar significado em cada experiência.

E cada vez que me coloco no mundo com autenticidade, sendo verdadeiramente quem eu sou, com amor e verdade, estou tecendo os fios dessa conexão ancestral. Sei que as escolhas que faço reverberam não apenas em minha vida, mas também nas futuras gerações. Compreender essa conexão me liberta das amarras do conformismo e me encoraja a buscar minha voz.

Essa mulher excepcional, de espírito indomável, não tinha medo de se destacar e de colocar suas opiniões nas rodas de conversa. Sua ousadia e irreverência demonstravam que era necessário ser verdadeira consigo mesma para sobreviver nos mais diversos contextos. Reconhecia seu valor e não permitia que a sociedade lhe dissesse quem ela deveria ser, passando sempre uma mensagem de amor-próprio, apesar de suas feridas e imperfeições. Viveu como acreditava e faleceu aos 90 anos, em 17 de dezembro de 2003, quando eu estava gerando Pedro e realizando o sonho de ser mãe.

Nós, mulheres, carregamos cicatrizes que podem, por vezes, causar feridas em outras mulheres. No entanto, aquelas que encontraram a cura dentro de si têm o poder transformador de curar. Se hoje me sinto capacitada a auxiliar e resgatar outras mulheres, em parte se deve ao fato de que já fui agraciada com a assistência amorosa de tantas outras, fontes eternas de inspiração.

É por meio desse ciclo de resgate mútuo que a compaixão floresce. Cada uma de nós carrega consigo experiências únicas e aprendizados valiosos. Ao compartilharmos nossas jornadas e nos apoiarmos, encontramos a força necessária para superar obstáculos, promover um círculo virtuoso de cura e inspiração, construir o futuro que acreditamos.

Reconhecer e acolher a potência feminina nos permite viver de forma autêntica e nos capacita a expressar nossa verdade, honrar nossos desejos e necessidades, encontrar um espaço de harmonia e integração interna, enquanto também nutrimos relacionamentos saudáveis e um senso de conexão com o mundo ao nosso redor. Nesse lugar, podemos experimentar a plenitude e o poder do feminino, sem sermos dominadas ou limitadas por ele.

A jornada da minha avó é uma lembrança constante de que, mesmo em meio às dificuldades, podemos encontrar força interior para seguir adiante. Assim como ela me inspirou a abraçar minha coragem e confiar nas possibilidades ilimitadas que a vida oferece, é com essa mesma coragem que eu abraço minha jornada e sinto-me impulsionada a inspirar outras mulheres.

Sinto-me feliz ao perceber que posso despertar a consciência, tocar corações e inspirar outras mulheres a abraçarem a própria conexão, vivendo suas vidas com amor e leveza.

Agora, convido você para plantar sementes de transformação na própria vida, acreditar na capacidade de transformar as dores em recursos e cultivar seu jardim interior por meio de três comportamentos:

1. **Praticar o autoconhecimento:** ao desenvolver a habilidade de observar pensamentos, emoções e comportamentos sem julgamento, ganhamos clareza sobre como o feminino se manifesta. Isso inclui reconhecer as características que nos fortalecem e nos desafiam, além de ajustar e redirecionar nossa energia de maneira consciente, alinhando-a com nossos valores e objetivos. O processo é individual e contínuo, esteja aberta às experiências e seja gentil com você ao longo do caminho.
2. **Cultivar o autocuidado:** reconhecer que somos seres humanos complexos, com altos e baixos, nos permite abraçar

nossa vulnerabilidade e nos dar permissão para descansar, cuidar de nós mesmas e recarregar as energias.
3. Conectar a outras mulheres: compartilhar experiências, histórias e desafios nos permite aprender e crescer juntas. Ao criar uma rede de apoio e troca, podemos nos inspirar mutuamente, ganhando perspectivas diferentes e descobrindo novas maneiras de ver a vida.

A vida é um ciclo contínuo de plantio, cultivo e colheita. Toda experiência pode ser uma oportunidade para aprender, crescer e se tornar uma versão mais amorosa de si. Minha avó sabia que o segredo para um belo jardim estava em escolher cuidadosamente as sementes para plantio, em nutrir constantemente as plantas e protegê-las das ervas daninhas. Ela regava cada muda com atenção plena, garantindo que elas receberiam os nutrientes necessários para florescerem. Da mesma forma, podemos regar nossa vida com amor-próprio, permitindo que as sementes de autoamor germinem e cresçam num jardim interior exuberante. Ao fazer isso, criamos um ambiente propício para o florescimento de nossa jornada pessoal, seguimos com a confiança e a coragem necessárias para vivermos nossas vidas de maneira autêntica.

A felicidade requer ação. Agora, quero inspirar você a agir em prol do seu florescimento com dez atitudes diárias:

1. Abrace a conexão com suas raízes e honre a sua história.
2. Cuide de si mesma.
3. Cultive a resiliência, a gratidão e o amor-próprio.
4. Construa e nutra relacionamentos saudáveis.
5. Mantenha-se firme diante dos desafios.
6. Siga suas paixões e abrace o processo de evolução.
7. Permita-se viver uma vida abundante.
8. Não sofra sozinha e, quando necessário, busque ajuda.
9. Ofereça apoio e inspire pessoas que cruzarem seu caminho.
10. Acredite no poder transformador que habita dentro de você.

Resgate uma mulher e cure uma geração

Assim como minha avó e tantas outras mulheres me inspiraram, estou aqui para caminhar a seu lado, apoiando e incentivando seu crescimento. Faça o mesmo, compartilhe sua jornada e impacte positivamente a vida de outras pessoas, assim, você também nutre o próprio florescimento.

Cultive seu jardim interior com amor, resiliência e gratidão. Transforme suas dores e espalhe as sementes do amor e da inspiração para o mundo ao seu redor.

Permita-se florescer!

Com amor,

Isabele Rocha

13

COSTURADA PELA FÉ

Todo processo dói, machuca, e, quando ele acaba, o que não serve mais é descartado e o que resta é a parte mais forte de você. Em meio a um processo dolorido de superação, descobri conexões verdadeiras, mas, acima de tudo, me vi sendo moldada por Deus. Dos meus retalhos de memória, carrego a leveza na alma, com a calma que me acalma, escolhendo, diariamente, deixar de lado todo sentimento de condenação e culpa para simplesmente SER, em essência, quem nasci para ser, a filha amada de Deus.

**JHENYFER CERQUEIRA
DOS SANTOS**

Jhenyfer Cerqueira dos Santos

Mãe da Lara e do Lucca. Filha amada de Deus. CEO da marca de roupas JHENNY's. Maquiadora, Lash Designer com formação em estética, é também colaboradora do projeto MAKE EM CASA. Cantora e compositora e dona de um brilho especial. Participou do Primeiro Reality de Vendas *O Closer*, transmitido pelo SBT.

Contatos
Instagram: @jhenyfercerqueira
11 96354 1272

Jhenyfer Cerqueira dos Santos

Não limite a sua fé, a fé nos leva a crer que coisas maiores virão, milagres acontecerão, você não imagina o que Deus irá fazer!
DELINO MARÇAL

Retalhos de uma vida

Eu sou Baiana, natural de Santo Antônio de Jesus, uma pequena cidade muito evoluída no recôncavo da Bahia.

Cresci em uma casa com mais de 15 pessoas, onde moravam, além dos meus pais e minha irmã, alguns tios, primos, avós, todos na mesma casa. As crianças eram em sete. Vivi assim até o meado de minha adolescência.

O negócio da família sempre foi a costura; a oficina era na parte superior da casa, que era bem grande. Me lembro de dormir com o barulho das máquinas. Um som que instantaneamente me remete ao passado, aos dias de responsabilidade reduzida.

Naquela época, as preocupações deveriam ser apenas o dever da escola, mas, para mim, isso era incomum. Eu não me sentia diferente das outras crianças, mas hoje percebo o quanto as aflições dos adultos influenciaram a minha vida, a minha desenvoltura, a percepção que tinha do mundo.

Ainda que a costura fosse o negócio da família, o dinheiro recebido pelo trabalho mal dava para pagar as contas. Com isso, minha mãe e minha tia Zanza nunca incentivaram a mim, minha irmã e meus primos a aprender esse ofício. Elas não queriam aquela situação para nossa vida.

Pelo olhar de minha mãe, eu sabia quando ela e meu pai estavam brigados; pela inquietude dela eu sabia quando ela se sentia injustiçada, inferiorizada e, por vezes, sozinha no meio de tantas pessoas.

Eu sabia quando meu pai estava preocupado com as contas, isso era uma constante que se refletia no seu temperamento. Nos dias em que suas aflições estavam mais acentuadas, ele ficava mais intolerante.

Já minha mãe poderia até chorar e perder o sono, mas eu nunca a vi desistir de algo que era considerado sagrado.

Cresci em um ambiente muito religioso, que cravou em mim valores e crenças que se refletem até hoje.

Predominavam na família os conceitos tradicionais e o ensinamento bíblico de que "a mulher sábia edifica seu lar". Me lembro de decorar essas palavras ainda muito cedo, o que trazia uma carga de responsabilidade muito grande quanto ao posicionamento da figura feminina no lar.

Em algumas ocasiões, o texto bíblico, atrelado ao comportamento submisso de minha mãe, me diziam que, se algo desse errado, se a família rompesse, ou se o homem errasse com a mulher, a culpa seria dela.

Na mesma casa, eu tinha a Tia Zanza, mulher forte, sempre muito bem posicionada, educava os filhos apenas com o olhar; ela nunca teve meias palavras, ela respondia às perguntas francamente e a verdade sempre era dita, doesse a quem doer. O timbre de sua voz só mudava com o tio Jair, que sabia amolecer sua entonação para um timbre mais doce. Mas sempre que necessário, ela voltava a sua postura firme e, em mais de 17 anos de convívio, nunca os vi brigarem. Minha tia me contou que eles resolviam os problemas deles entre eles, e somente eles.

Jhenyfer Cerqueira dos Santos

Eu também tinha vovó Maria, e há quem diga que pareço fisicamente com ela. Nunca vi mulher de tamanha fé. Entre 2002 e 2003 ela teve um derrame, foram dias que pensamos que perderíamos "nossa veinha", ela ficou com sequelas, com o lado esquerdo paralisado, mas isso não a impediu de levantar todos os dias com o sol e começar suas atividades.

Meu avô viajava para vender as peças, enquanto meus pais e meus tios costuravam.

Ele passava a semana fora e sempre voltava na sexta-feira. Minha avó se perfumava e o aguardava sempre com a comida pronta e preparada por ela. Ainda que com visíveis limitações, após organizar toda a comida, ela ia pra varanda e ficava cantando até vovô apontar na esquina.

Nos dias em que meu avô não voltava, eu dormia com ela, e tinha o prazer de desfrutar de sua bagagem e de suas histórias de infância.

Eu era a parceirinha dela. Me lembro de rodar a cidade inteira atrás de sua tapioca preferida, andávamos devagar e sempre com muito papo, o tempo passava voando. Eu arrumava o cabelo dela às sextas, porque aos sábados íamos para igreja.

Passávamos muito tempo juntas e nosso tempo era regado a grandes aprendizados sobre humildade, humanidade, respeito, amor, superações e Jesus. Em 2010, ela faleceu e foi difícil demais reaprender a viver uma vida sem ela.

No fim de 2011, meus pais e eu nos mudamos para São Paulo. Logo que completei 19 anos, me casei. Eu não tinha nenhuma ambição nem planos para o futuro, nunca me olhei com carinho ou me priorizei, não sabia o que faria após concluir o ensino médio. Tudo o que começava, eu me frustrava, parava, desistia. Migalhas afetivas me pareciam a única escolha sólida e certa a se fazer. Me apaixonei, me envolvi e me casei em 2015.

Eu achava que ao casar estaria solucionando questões que eu nunca tive coragem de encarar. Doce ilusão. O papel que eu tentava assumir era o que eu "achava" certo; ainda que com muitas frustrações, sempre havia uma comparação enorme com a minha sogra; mesmo me esforçando, eu não era como ela, afinal, eu era esposa e não mãe do meu marido.

Em meio a muitas cobranças, a maioria delas enjauladas em minha cabeça, me aprofundei em depressão e ansiedade, e não tinha força para nada, até descobrir a gravidez de Lara, minha primogênita; em seguida, engravidei do Lucca. Eles vieram como um furacão para ressignificar muitas coisas em minha vida.

Obrigatoriamente, tive que voltar para mim mesma e mergulhar profundamente, buscar entender a razão de muitas coisas.

Em mais de sete anos de relacionamento, suportei grosserias, pensamentos limitantes, desaprovação e discordância de minha essência. Isso me manteve muito tempo em uma situação que eu não merecia por medo da desaprovação de meus pais, medo de lidar com a solidão, por não compreender as minhas capacidades, pelas crenças limitantes enraizadas no meu peito.

Eu achava que, se me separasse, "eu falharia"; que, se desse passos contrários ao querer do meu esposo, "eu falharia"; que, se eu tirasse os meus filhos daquele convívio diário de briga, "eu falharia", porque tiraria o direito do convívio com o pai.

De todas as formas, eu continuava a falhar o tempo inteiro, até que coloquei tudo na balança e percebi que não vivia. Eu sempre gostei de cantar, só que cantar já não era uma prioridade. Então, comecei a fazer curso na área de estética, e parecia que estudar gerava ainda mais incômodo dentro de casa.

Só que eu não desisti, enfrentei os obstáculos diários e conclui o curso.

Comecei a atuar na área, e as cobranças dentro de casa se intensificaram, ouvi coisas do tipo: "Não vai fazer mais nada em casa?", "Seus filhos precisam de uma mãe!", "Olha essa pia, que nojo!", "Estou morrendo de fome, não comi porque você não esquentou!", "Não tenho mais roupa para usar, está tudo sujo!", "Se você for bancar a casa, me avisa, porque só essa merreca que você está trazendo não está dando pra nada!".

Tentei desenvolver todas as funções e continuava a falhar. Percebi que nada que eu fizesse seria suficiente. E se era para dar conta sozinha, então, de uma vez por todas, que eu ficasse logo só.

Comecei a dar passos para uma separação e me deparei com muitas crenças limitantes, lidei com muita pressão e repreensão de minha decisão vindas de pessoas que amo. Foram dias turbulentos, mas, no meio desse caos, mãos se estenderam para mim.

De repente, me vi sem currículo, sem experiência, nunca tive um trabalho registrado na vida. Tinha dois filhos e muitos sonhos.

Uma amiga, Amanda Zolim, e Victor, seu marido, financiaram os meus sonhos. Ela me incentivou para que eu retomasse a minha marca de moletons, e, mais que isso, ela sempre acreditou na minha capacidade, mesmo quando eu não acreditava, não sei como ela conseguia fazer isso.

Ela me motivou a me desgarrar dos meus fantasmas e, muito paciente, dia após dia, pegou minha mão e caminhou comigo. Foi uma das primeiras a pagar o valor do meu trabalho de estética e começou a indicar para amigas, sempre me deu *feedbacks* reais me ajudando a evoluir na briga que eu travava entre incapacidade e força de vontade. Ela lutou por mim, tirou a venda dos meus olhos e fez com que eu enxergasse uma nova Jheny. Esse processo me trouxe cura. Lá da Bahia a Lika, filha da tia Zanza, tentava me resgatar de muitas prisões em crenças que ela bem conhecia, afinal, crescemos juntas e ela presenciou muitas situações, me conhecia a fundo e sabia tudo o que eu estava passando. Sabia ler meu olhar, entendia minhas dores, falava dos meus erros, me mostrava novas rotas, me fez entender que eu estava naquela situação porque foi uma escolha diária, mas que, a partir de novas escolhas, eu colheria mudança. Outra mulher que sempre acreditou em minhas capacidades e que vislumbrava um futuro diferente para mim.

Minha mãe, irmã Jheysi, e amiga Eliane não soltaram minha mão em nenhum segundo. Mesmo quando havia resistência de meu pai por alguma questão religiosa, minha mãe se posicionava. Elas me abrigavam e me mostravam que eu jamais ficaria só.

Tia Zanza fazia ligações de vídeo sempre muito preocupada, demonstrando seu enorme carinho. Tia, você não sabe em quantas situações eu me perguntei: "O que Tia Zanza, que sempre foi tão forte e sábia, faria?".

Elas me energizavam. Ajudavam a me manter de pé.

Até que depois, um pouco mais voltada para minha essência e para o que gosto de fazer, voltei a cantar, comecei a fazer parte de uma comunidade, na qual pude ter o contato direto com a Sarah Alves. Eu a admirava. Há muito tempo ela cantava gospel profissionalmente e tinha uma carreira não só na música, mas na maquiagem também.

Ela trabalhou com grandes nomes no meio artístico e era estabelecida no mundo da beleza há anos.

Tive o privilégio de ter esse contato e, em um determinado projeto, ela notou o meu trabalho, a forma como eu aplicava os cílios, fui elogiada e essa foi a porta de entrada para uma reviravolta na minha vida.

A princípio, ela me contou a idealização de um projeto pessoal e disse: "Você não está a fim não?".

Eu prontamente respondi que sim.

O tempo passou e parecia que ela havia esquecido a ideia e eu a cobrei. Marcamos uma reunião e foi nesse encontro que me disse não saber o porquê de ser eu, que ela não me conhecia, mas que sentia que Deus tinha um propósito, e que queria me ajudar.

Ela perguntou um pouco mais sobre o meu momento e, a partir daquele dia, a nossa parceria começou. Inicialmente, ela disponibilizou o tempo dela, atuando em minha capacitação na maquiagem, comecei a atuar diretamente com ela fazendo parte da equipe. Ela retomou o projeto MAKE EM CASA, no qual, em uma imersão de cinco horas, nos aprofundamos em questões direcionadas de cada aluna, sendo um processo muito seleto, capacitando-as do zero em uma imersão de autoconhecimento, desenvolvimento e compreensão do poder da autoimagem.

Este ano estamos na quinta edição, com muitos relatos de mulheres que conseguiram ser promovidas, outras que voltaram a se olhar com carinho, várias que passaram a ser intencionais em suas atitudes, e todas aprenderam a entender e amar as próprias características. A partir do trabalho com a Sarah, eu saí da minha região, onde cobrava R$80,00 por procedimento e passei a cobrar até R$350,00.

Ela me ensina muito a exercer a fé e em muitos momentos entrou com providência como resposta de minhas orações. Ela me ensina e incentiva todos os meus projetos, estando envolvida ou não. Ela indica o meu trabalho e tem sido importante também na construção e desenvolvimento dele. Ela me estendeu a mão e me sinto extremamente grata pela oportunidade de, hoje, ser, além de parceira de trabalho, sua amiga e irmã em Cristo. O direcionamento dela tem sido mais que uma faculdade e tem me aberto caminhos. Tenho certeza de que é só o início de grandes coisas que estão por vir.

Quando eu estava casada, não saía de casa, pois não tinha condições para pegar um ônibus, não sabia o que era ter um centavo nas mãos.

A história da minha mãe estava se repetindo inconscientemente, o que eu não sabia era que, dentro de mim, estavam vivas todas essas mulheres que foram pilares em minha construção, sejam nos pontos fortes ou nos fracos.

Hoje escolho deixar vívida em mim a fé da minha mãe de não desistir das coisas sagradas, a força da Tia Zanza e seu caráter incorruptível, a determinação de vovó que, mesmo em circunstâncias as quais eu poderia me render para a dor, não me deixou paralisar.

O olhar, a força, a garra, a credibilidade e todo amor que Amanda dedica a mim todos os dias. A sensatez, a perseverança, a justiça e audácia da Lika. A compaixão, a sede de servir a Deus com humanidade, empatia, zelo e cuidado que a Sarah tem compartilhado comigo. Tudo isso tem me impulsionado a crescer.

Hoje tenho liberdade geográfica, tenho um estúdio para atender minhas clientes, tenho minha marca de roupas e tenho mãos que me foram estendidas. Só por essa força eu saí de onde eu estava. Para gerar mudança, é necessário um movimento que, a princípio, não precisa ser grandioso.

Comece com um passo, depois aceite a mão que está estendida. A minha maior missão é poder ajudar alguém e estender a mão como a mim um dia foi estendida. Essa corrente não pode se quebrar. Entender que essa é a responsabilidade de cada uma cria a conscientização real de uma força que não somos capazes de mensurar, mas que simples atitudes transformam vidas.

Eu tive minha vida transformada! Agora tenho sede por transformar outras!

Com amor,

Jhenyfer Cerqueira

14

O PODER DO PERDÃO

O perdão é poderoso, pode prender você em uma vida amarrada ao passado ou libertar você para uma nova jornada. Este capítulo fala sobre amor e perdão, sobre aprender a continuar nossa jornada e buscar nossa essência.

JULIANA LIMA

Juliana Lima

Empresária. Graduada em Administração, com ênfase em Comércio Exterior. Tenho especialização em e-commerce, marketing & digital strategy, Marketing Digital (Porto Business School), além de ser pós-graduada em Psicologia Positiva, Ciência do Bem-estar e Autorrealização (PUC/RS). Atuo há mais de 15 anos com importação, trabalhando em diversas multinacionais como Ri Happy e Walmart. Em 2017, decidi empreender e fundar a Diva e Cia, *e-commerce* voltado para área da beleza.

Contatos
juliana.lima87@hotmail.com
Instagram: @jully.alima
Facebook: facebook.com/jully.alveslima
LinkedIn: linkedin.com/in/juliana-lima-787a77a5/
11 99407 0741

> *Não importa o que a vida fez de você, mas o que você faz com o que a vida fez de você.*
> JEAN-PAUL SARTRE

Era domingo, acordei assustada às 5h30 da manhã com uma ligação, era Dia das Mães e eu estava meio atordoada. Quando olhei na tela, li rapidamente: hospital. Segurei a respiração por alguns instantes e, instintivamente, pensei: ele não pode morrer agora, eu ainda não vivi tudo que tinha para viver com ele.

Meu pai havia falecido aos 62 anos e, mesmo sem ter participado dos momentos importantes da minha vida, teve o carinho dos filhos e o perdão da ex-mulher.

Acredito que o perdão seja muito poderoso, a falta do perdão pode aprisionar você por anos a fio ou libertar você do ressentimento.

A primeira pessoa que aprendi a perdoar foi a meu pai e já te adianto que levaram anos para que eu realmente conseguisse superar e perdoar a falta que ele fez na minha vida.

Quando alguém que você ama morre, é inevitável refletir sobre a própria vida, sobre sua jornada, sobre quem você é e o que quer para você.

Posso dizer que só comecei a descobrir quem eu era, ou uma parte pelo menos, por volta dos meus 28 anos, quando decidi iniciar na terapia. Eu precisava entender por que eu sentia um vazio dentro de mim se tinha "tudo" que eu considerava importante para uma vida feliz. Entre minhas inseguranças, decepções com amigos e problemas em casa, me fechei para o mundo. Por muitos anos acreditei que as pessoas eram más e que não era possível ajudá-las; acreditei que, se eu me aproximasse de alguém, com toda certeza iria me machucar, afinal, minha vida tinha sido assim desde que eu podia me lembrar. As pessoas de quem eu mais gostava sempre partiam ou me machucavam.

Eu era uma menina ferida, que cresceu e se tornou uma mulher ferida. Tudo parecia ser tão difícil, que, por vezes, eu sentia que seria mais fácil ser outra pessoa.

Aos poucos, na adolescência, fui entendendo que havia algo errado, sem saber o motivo da falta de conexão, o vazio que carregava dentro de mim. Descobri que, antes de eu me sentir perdida e solitária, existia outra mulher tentando sobreviver, cuidar dos filhos, cuidar da casa, dar conta do trabalho e tentando lidar com um marido envolvido com vício em drogas: minha mãe.

Ela foi a primeira mulher ferida que conheci. Foi a partir dela que eu entendi, ao longo dos anos, o quanto uma mulher pode se esforçar para manter um casamento e uma família feliz.

Como qualquer adolescente, culpei minha mãe pelos meus traumas, pelo fato dela ter acreditado que meu pai mudaria e se tornaria o homem que ela sonhou, por ter escolhido ele em vez de mim.

Na minha rebeldia, saí de casa aos 23 anos com uma pessoa que me relacionava há três meses. Estava cansada de esperar uma mudança, cansada de ver meu pai definhar e de ver minha mãe sofrer.

Após alguns anos de casada, acordei um dia e me dei conta de que havia casado com um homem exatamente como meu pai: emocionalmente distante, que achava que colocar dinheiro dentro de casa era o suficiente, que estava presente apenas de corpo e sua mente estava sempre em outros lugares. Então, descobri que, por mais perfeito que meu relacionamento se parecesse, tinha um enorme teto de vidro: falta de diálogo. Não importa o quando eu tentasse, era impossível acessar o lado vulnerável, os sentimentos dele e, com o tempo, tudo foi ficando cada vez mais superficial.

Como eu pude cometer os mesmos erros da minha mãe? Eu, uma mulher que viu tanto sofrimento. Como era possível que a mesma história se repetisse comigo?

Com a mesma rapidez que meu casamento começou, terminou após oito anos. Meu mundo desmoronou e tudo que eu acreditava se desfez em segundos.

E lá estava eu, me perguntando: onde eu tinha errado e por que nós repetimos os mesmos padrões dos nossos pais e ancestrais? Como era possível termos o conhecimento dos erros dos que vieram antes de nós e ainda sim repeti-los de forma tão semelhante?

Até hoje, um dos meus piores momentos foram durante o divórcio. A sensação de que você não conhece a pessoa a seu lado, as promessas quebradas, mentiras vindas à tona, a sensação de vazio e a falta de sentido de vida. Eu havia construído um muro ao redor do meu casamento, pois, para mim, essa relação era o centro de tudo. Ali eu me sentia segura e protegida e, nessa ânsia, contei mentiras para mim mesma, projetei qualidades que nunca existiram no meu parceiro e joguei os problemas para debaixo do tapete. No fundo, eu sabia que meu maior medo era: se esse relacionamento desmoronar, como vou me reerguer? Quem eu seria sem esse escudo?

Perder minha casa, minha rotina, perder tudo que construí é algo que exigiu muito de mim; do dia para noite, estava dividindo a cama de casal com minha mãe. Voltei de viagem com uma mala de roupas e um divórcio diante de mim. Eu saí de casa com a intenção de construir um sonho em conjunto; quando voltei, não tinha mais ninguém esperando por mim.

Lá estava eu, com todos aqueles fantasmas da infância, me sentido pequena e invisível. Minha vida tinha parado, minhas amizades eram todas relacionadas ao meu casamento e todos tinham a própria vida. E, um dia após o outro, eu me perguntava: Quem era eu?

Tudo que eu vivi nos últimos anos estava relacionado ao meu parceiro. Percebi, então, o quanto eu havia me anulado para fazer o relacionamento "dar certo". E tudo isso pareceu exatamente como a história da minha mãe.

E sabe, hoje reconheço que minha mãe é meu grande exemplo de mulher, com todas as decepções que ela passou, entre tantas dificuldades, ela sempre achou um jeito de continuar sorrindo. Ela foi, e ainda é, minha inspiração, foi pelo exemplo dela que eu segui em frente, foi com a força dela, com seu olhar bondoso que eu sabia que tudo passaria.

Iniciei uma jornada para descobrir quem eu realmente era e não vou romantizar, foram muitos dias ruins para conseguir encontrar a luz de dias bons.

Aos poucos, fui me sentindo mais eu, fui tomando as rédeas da minha vida e contornando as dificuldades, fui encontrando uma força em mim que, até então, não sabia que existia. Entendi que eu merecia ser feliz, merecia ser amada e não poderia aceitar nada menos que isso.

Aos poucos, um véu caiu dos meus olhos e eu entendi minha trajetória até aquele momento, entendi o motivo das minhas escolhas, entendi quem eu era e o que eu queria para minha vida.

Alguns anos depois, conheci uma pessoa especial e resolvi entrar em um novo relacionamento. Com o relacionamento, vem o relacionamento com a família do parceiro e, inicialmente, me identifiquei com a mãe dele e nos tornamos amigas. Eu estava em uma fase empoderada e muito segura de mim. Queria espalhar para o mundo minhas descobertas e fazer a vida das pessoas (especialmente das mulheres) mais leves.

O que eu não imaginei era que reviveria mais um ciclo de muita dor, mágoa e desilusão, não sabia que diante de mim estava uma mulher ferida.

Abri minha vida, meu peito e fui verdadeira nessa nova amizade, queria uma relação diferente com minha sogra. Mas, quando me dei conta, estava sendo julgada. Julgada por ser "boa demais para ser verdade", "ninguém é bom sem querer nada em troca", "tudo isso só pode ser fingimento", "ela não lava, passa e cozinha, não é boa para meu filho".

Não conseguia entender como alguém poderia se mostrar tão sincera em alguns momentos e, em outros, ser tão cruel. Mas eu era resiliente, queria ter uma história diferente, pois, até então, minha ex-sogra tinha sido uma pessoa que fazia questão de diminuir as noras, as quais chamava de "agregadas".

Entre muitos altos e baixos, entre tantas conversas que tentei ter com ela, tentava mostrar que uma mulher tem muito valor e que não temos que fazer tudo sozinhas.

Mas era inútil, não importava o quanto eu tentasse empoderá-la, tudo se voltava contra mim. Chegamos ao ponto de deixarmos de nos falar por mais de um ano.

Tudo que eu mais queria era construir uma rede de apoio, mas não importa o quanto eu tentasse, no final do dia, estava sempre sozinha. Como eu poderia romper esse ciclo que se repetia?

Após um ano sem contato, meu parceiro tinha uma viagem e me pediu para ir em uma apresentação da escola do filho dele e pediu que eu levasse a mãe dele. Inicialmente, achei uma tarefa quase impossível, mas resolvi tentar.

Era um sábado nublado e frio. Quando vi a mulher que se aproximava do carro, sabia que tinha algo errado. Seu olhar triste, rosto sem expressão, aquela não era a mulher que eu conhecia. Nesse momento, tive duas escolhas: fazer o que muitas mulheres haviam feito comigo ou fazer o que poucas haviam feito, e eu sabia exatamente qual caminho seguiria.

Resgate uma mulher e cure uma geração

Começamos a conversar a caminho da apresentação e, quanto mais eu a ouvia, mais sentia que algo não estava certo. Aos poucos, fui entendendo que o marido, que sempre foi uma pessoa quieta, estava matando-a dia após dia. Ali eu encontrei uma mulher que estava lutando sozinha para fazer o casamento "dar certo", lutando para que o companheiro entendesse suas necessidades, para que valorizasse seus esforços, seus cuidados e dividisse com ela o peso das responsabilidades.

Senti que ela estava no limite, que se eu a levasse de volta para casa, algo muito ruim poderia acontecer. Após a apresentação, fomos para meu apartamento e eu disse que ficaria com ela até que as coisas se acalmassem. Pedi ajuda da minha mãe e, mais uma vez, ela me surpreendeu com sua bondade, mesmo sabendo de tudo que eu passei, ela não pensou duas vezes em largar tudo e vir dar apoio.

Cuidamos dela, acolhemos seu choro, demos risada e seguramos a mão dela, porque eu e minha mãe sabíamos como o mundo se torna assustador quando estamos totalmente sozinhas, sem saber para onde ir.

Minha sogra iniciou uma jornada de autoconhecimento e estive ao lado dela mostrando que havia muita vida pela frente, que era só uma questão de se reencontrar, resgatar aquilo que ela tinha perdido: sua essência.

O divórcio não precisa significar perda, mas o encerramento de um capítulo da sua vida e o início de outro, que pode ser muito melhor se aprendermos a olhar para dentro de nós. Não importa sua idade, é possível descobrir muito sobre você e redescobrir o prazer de viver.

Durante a vida, carregamos uma mala, na qual colocamos nossas experiências, boas e ruins. E quando iniciamos um novo relacionamento, essa mala está cheia e pesada, pois contém coisas desnecessárias, que deveriam ser reavaliadas e deixadas no passado, porém, em vez de nos livrarmos de experiências antigas, acabamos as trazendo para o novo relacionamento.

Quando um divórcio acontece, muitas coisas são ditas e cada palavra é cravada no nosso íntimo como se fossem verdades absolutas sobre nós, acabamos abraçando falsas verdades e prometemos a nós mesmas não repetir os mesmos "erros".

Mesmo sabendo que não era verdade, acreditei nas palavras ruins do meu ex-marido e descobri que existem pessoas que dizem que te amam, mas que, sutilmente, te diminuem nas mínimas coisas, minam sua confiança e, ao longo dos anos, te fazem questionar se você é realmente boa.

Descobri que uma mulher ferida pode ficar anos a fio em uma relação tóxica, tentando ser aprovada, tentando ser perfeita. É como uma doença; a gente não sabe como é ter uma relação saudável, pois, em muitos casos, a relação dos nossos pais foi tão conturbada quanto a nossa e essa é nossa única referência.

Eu criei camadas tão grossas em volta de mim e acabei acreditando que não precisava de ninguém, queria provar para o mundo o quanto eu era forte e que eu sabia me virar sozinha.

Nesse período, tive ajuda de uma grande mulher, minha terapeuta Natalia Leite, que pegou na minha mão e, semana após semana, mostrou que eu poderia ser muito mais do que eu achava ser e que, por baixo de toda minha independência, tinha uma mulher ferida e com medo de viver.

Finalmente, entendi que nós seres humanos não fomos feitos para viver em total isolamento, que é uma grande besteira esperar sempre o mal dos outros e, que se alguém te faz mal, isso diz muito mais sobre a outra pessoa do que sobre você.

Aprendi que independência não é ser sozinha, longe de tudo e todos. Mas, sim, ter pessoas que te amam e que estão ao seu lado sempre que precisar, é aprender a ouvir sua intuição e caminhar em busca daquilo que acredita ser bom para você.

Resgate uma mulher e cure uma geração

Nessa jornada, aprendi muito sobre mim mesma e, aos poucos, descobri quem realmente sou. Abri caixas antigas que estavam empoeiradas no fundo do meu íntimo, olhei para dentro e vi que ali havia uma flor que queria crescer e resolvi dar espaço para que ela florescesse. E eu floresci e floresço todos os dias e a cada dia descubro um pouco mais sobre meu poder pessoal.

Resolvi fazer uma especialização em Psicologia Positiva. Descobri que meu propósito de vida é ajudar pessoas, que posso trazer luz quando há sombra e que posso ser a lanterna quando em algumas fases da vida elas deixam de ver a luz e o caminho.

Por fim, aprendi que cada um de nós usa lentes para ver o mundo que são formadas por nossas experiências ao longo da vida. Eu já troquei minhas lentes, e você, já parou para pensar qual lente você usa para ver o mundo?

15

O VALOR DA EMPATIA E DA AUSÊNCIA DE JULGAMENTO

A realidade de uma parcela generosa da população feminina é sofrer em silêncio ou gritar para que o mundo ouça aquilo que nem todos conseguem compreender. Apenas poucas pessoas estendem a mão e, na maioria, é uma amiga ou, como ouso chamar, uma irmã oferecida de presente pelo universo.

LEILA GARCIA

Leila Garcia

Historiadora graduada pela PUC (2003), com mestrado em História da Arte, pela UNB (2009). Graduada em Direito pela UNIP de Brasília (2013). Pós-graduada em Gestão e Orçamento Público (Cathedra - Brasília, 2014); pós-graduação em Direito Administrativo pelo IDP (faculdade e universidade em Brasília, 2015). Consultora de Imagem de Estilo, por Dani Ferraz (2019); pós-graduada em Moda e Estilo pela Cá-Cavalcante (Lisboa, Portugal, 2020), *Coaching* de *Stylist*, pela Cá-Cavalcante (Lisboa, Portugal, 2020), Colorimetria pela Cá-Cavalcante (Lisboa, Portugal 2020); Colorimetria com Deh Martini (Resolva 2020). Idealizadora do método Terapia de Roupa: Desorganizar para Organizar - 2023. Pós-graduada em Neurolinguística PNL - Unyleya (2023).

Contatos
essencia.leilagarcia@gmail.com
Instagram: @leilargarcia

Quando iniciamos um relacionamento, a intenção é compartilhar momentos, objetivos, unir esforços, crescer juntos, apoiar um ao outro, porém, às vezes, algumas coisas acontecem e outro rumo se constrói para ambos.

Aos 40 anos de idade, conheci Caio, um homem sedutor de todas as formas: física, intelectual, de classe média alta, com diálogo envolvente, divertido e nove anos mais novo que eu. Um homem que se preocupava comigo, demonstrava carinho e se atentava aos meus horários. Até aí, eu achava fofo. Na época, imaginava que era paixão e ciúme normais devido ao fato dele viajar sempre para Campo Grande/MT, local onde tinha fazendas que estavam em loteamento. Eu o via como o homem que tanto sonhei, cheguei a ponto de não me achar merecedora. A sintonia era incrível e não demorou muito para estarmos casados.

Diferente do que eu imaginei, o ciúme passou do "grau de normalidade". Com exceção do trabalho, tudo precisava ser informado, passei a ser monitorada. Se eu saísse de casa sem comunicar ou por algum motivo não atendesse o celular, vinham as agressões verbais e muitas críticas destrutivas. Acontece que em outros momentos era uma cumplicidade incrível, desde apoio emocional a se indignar com o excesso de trabalho que era exigido pela procuradora de justiça, a quem eu assessorava na época. Isso me confundia, ora um tratamento hostil, ora o "príncipe encantado".

Lembro que certa vez saí com a família da minha irmã para um churrasco em uma fazenda. Eu não consegui falar com ele com antecedência para avisá-lo e, quando já estava lá, ele me ligou. Eu me recordo que meu corpo gelou, pois havia música alta e barulho de muitas pessoas conversando. Ele começou a dizer que eu não estava em uma fazenda, que se tratava de outra coisa ou lugar. Com medo de perdê-lo, comecei a mandar fotos do local, de como estava vestida e com minha sobrinha, para que ele visse o ambiente familiar.

Por outro lado, quando eu ligava e ele não atendia, ainda respondia: "Estou resolvendo problemas", "estava ocupado e não vi", "não pude atender" ou "deixei o celular no carro". Argumentos desconectados e, junto a eles, vinham as distorções para me fazer sentir culpada. Ele articulava e me fazia duvidar de mim mesma, das minhas lembranças e da minha própria sanidade mental. Para muitos, tudo isso pode parecer irreal ou: como uma mulher com o mínimo de inteligência não percebe o que estava acontecendo? Mas eu acreditava em seus argumentos e no amor que dizia sentir por mim, afinal, ele me proporcionava momentos lindos e, financeiramente, eu tinha um aporte por parte dele, como casa, carro, cartão de conta conjunta.

Com tanto controle e chantagem, comecei a mentir sobre coisas naturais do cotidiano, também desenvolvi ciúmes, insegurança no meu potencial e passei a me sentir culpada por quase tudo na minha vida. Criou-se uma nuvem negra sobre minha cabeça, pensamentos perturbadores, preocupações desarrazoadas e questionamento da minha saúde mental.

A minha fuga era gastar com roupas, sapatos e joias. Os gastos eram maiores quando ele estava chegando de viagem: tinha que estar impecável (roupas e sapatos especiais para cada ocasião que teríamos juntos). Foi nessa relação de consumo que a Sandra Ferraz, gerente de uma loja de luxo em Brasília, entrou na minha vida. Dessas idas à loja, nasceu uma amizade entre a gerente e uma cliente.

A Sandrinha sempre foi uma pessoa solícita comigo e eu acabei desabafando com ela, falando da minha vida, do início do relacionamento com Caio e como tudo se desenrolou. Nas crises, ela me ouvia, me apoiava, não me julgava, se tornou alguém que passei a recorrer, principalmente quando estava em extrema dor. Embora fizesse terapia desde os 18 anos de idade, acabei confidenciando mais para ela do que para os vários terapeutas que tive.

Meu ex-marido não apoiava que eu fizesse terapia, dizia ser "coisa de pessoas com problemas mentais". Sem conseguir mentir sobre as consultas, interrompi o tratamento com dois anos de relacionamento. Continuei apenas com minha psiquiatra e era óbvio que eu também escondia isso dele.

Na verdade, com seis anos de relacionamento, não sabia o que realmente estava acontecendo comigo, mas era evidente que nada de normal havia entre nós. Sem terapeuta, fui atrás de informações em literaturas sobre relacionamentos de casal. Então, passei a entender que o que acontecia comigo era violência psicológica.

Mesmo ciente, não conseguia me desvincular dele. Percebi que estava presa a um ciclo de abuso, eu estava totalmente dependente dele e dos movimentos da relação doentia. Eu só conseguia procurar Sandrinha; ela não me julgava. Com o tempo, ela passou a me aconselhar a sair do relacionamento, dizendo que ele era covarde, desequilibrado e que eu não merecia passar por aquilo.

Sandrinha foi alguém especial, suportou muitos choros e até histeria. Isso mesmo. Com o tempo, a loucura agonizante me fazia ter crises de choro e falar alto, quase que gritando.

Resgate uma mulher e cure uma geração

Mesmo presenciando tudo, ela permanecia ao meu lado, me confortando, me apoiando e, acima de tudo, não me julgando. Ela foi meu abrigo emocional, me acolheu sem nenhuma queixa e sem reservas, foi irmã, mãe, psicóloga. Quem leu até aqui deve se perguntar da minha família, né? A verdade é que, apesar de não gostarem do Caio, não me davam suporte emocional, me julgavam e se distanciaram, como as outras pessoas. Para todos, a Leila era aquela personagem que chamam de "Amélia: que tudo vê, que apanha e deseja pura e simplesmente estar sofrendo ao lado do parceiro".

O sofrimento me afastou do trabalho. Ter responsabilidades era impraticável. A médica me afastou por 30 dias e eu ainda me esforçava para que ele não percebesse, mas, depois desse atestado, precisei falar e ele pareceu se importar; no entanto, num dia em que ele estava fora de Brasília, fui ao shopping e encontrei uma amiga, decidi jantar com ela perto de casa e, quando contei, por telefone, começaram os interrogatórios e desconfianças de traição com um amigo.

Esgotada de tantos medos e conflitos, dei o número de telefone para que ele mesmo confirmasse que eu não o estava traindo e que se tratava de apenas uma amiga. Mesmo ele ligando, disse que era mentira. Essa situação mexeu com meu inconsciente, a única coisa que tive foi vontade de ir embora de casa. Sabia que tinha meu emprego, mas gastava muito, não tinha reserva econômica, e se eu tomasse aquela decisão, sofreria consequências financeiras. Liguei para Sandrinha e, infelizmente, ela não pôde me atender, acabei ligando minha mãe; implorei que ela viesse me buscar e me levar com minha mudança para a casa dela. Ela se prontificou, chegou no dia seguinte e me levou para sua casa em Anápolis. Saí com minhas roupas, objetos pessoais e algumas coisas de casa. Deixei tudo para trás, inclusive carro e joias.

Chegando lá, Caio enlouqueceu. Com a insistência das ligações, passei a atender e conversávamos por horas. Vendo a situação, minha mãe começou a fazer críticas pesadas e um julgamento atormentador, afinal, ela saiu de Anápolis para me afastar de Caio. Por todas as circunstâncias, não a culpo, foi mais uma pessoa que não entendia o que estava acontecendo, que não sabia o que era uma relação de violência emocional. Não argumentava ou a questionava, apenas abaixava minha cabeça, tinha vergonha, pois entendia que tinha razão. Sem condições emocionais de permanecer com a minha mãe, acabei pedindo ajuda a Caio, que se negou a ajudar, afirmando que eu não era mais a mesma, que tinha certeza de que o havia traído. Fiquei perplexa, pois algumas horas antes ele estava me pedindo para voltar.

Recorri novamente a Sandrinha e pedi abrigo na casa dela em Brasília por algum tempo. Eu não tinha onde ficar com tantas despesas financeiras, as quais já sabia que teria que arcar sozinha, como cartão de crédito, cheques e moradia. Precisava me organizar para a nova realidade. Sandrinha, que já era o meu único apoio emocional, se tornou também o abrigo de uma mulher que não tinha para onde ir.

Com meu retorno a Brasília, meu ex-marido não deixou de me ligar, pelo contrário, ligava de maneira desequilibrada. Bloqueei, desliguei o celular, e ele, sem conseguir contato, passou a ligar para Sandrinha e pedir a ela que eu o atendesse. Assim eu fiz, porém o discurso foi forte: "Você pode até não ficar comigo, mas eu não deixarei você ter ninguém". Sandrinha, a meu lado me consolou, disse para ter calma, que era apenas ciúme, mas me perguntou se eu queria ir a uma delegacia. Fiquei com medo e vergonha, acabei não indo

A permanência na casa da Sandrinha era provisória. Ela tinha uma filha que na época era solteira, e meu pedido foi apenas uma ajuda temporária até eu encontrar um local para morar.

Envolvida na procura de moradia, ela também me cedeu o carro. Me lembro de uma frase que ela disse: somos uma pela outra. Com quase 30 dias, eu encontrei uma colega para dividir o apartamento no qual ela já residia. Ao mudar para esse local, foi mais uma tortura do Caio (mais insultos e interrogatórios).

Alguns meses depois, consegui um apartamento para alugar na Asa Sul, em Brasília. Ao me mudar para lá, Caio disse ter iniciado um relacionamento com outra mulher e até me mandou fotos, disse que gostava dela, mas que ainda me amava. Aqui eu literalmente surtei. Como de costume, Sandrinha sempre vinha ficar comigo e dizia que ele não era normal, que nunca me deixaria em paz se eu não tomasse uma postura de sumir do radar dele. Nesse período, ela praticamente me carregou no colo.

Eu atendia as ligações dele mesmo sabendo que estava com outra mulher. Com essa conduta, passei a ter raiva de mim. Ainda assim, queria esse homem, queria voltar a estar casada com ele. Transbordando raiva, comecei a me agredir fisicamente. Fiz isso por várias vezes.

Com os aconselhamentos da Sandrinha, busquei mais reforço com minha psiquiatra, que me deu três meses de licença médica para cuidar da minha saúde. Então, procurei um retiro espiritual e me isolei por esses meses. Ao final do retiro, foi Sandrinha quem me buscou. Me deixou em casa e continuou prestando suporte, ligando ou indo ao meu apartamento.

Após o retiro, Caio não deixou de insistir no controle emocional. Nessas circunstâncias, Sandrinha implorou para eu procurar uma delegacia da mulher e fazer uma denúncia. Pensei na ideia, mas ele havia mudado para Washington, EUA, tudo dependeria de mim e do suporte emocional que recebia da minha amiga.

Várias coisas aconteceram entre mim e ele, porém, elas não me abatiam mais. Dessa experiência, percebi o quanto é importante uma rede de apoio às mulheres que passam por violência emocional, o quanto as pessoas desconhecem o assunto e o quanto julgamentos e críticas são prejudiciais. E, acima de tudo, como a amizade entre mulheres é benéfica em vários sentidos.

Aprendi que nenhuma mulher pode mudar um homem ou um relacionamento. Em tudo que envolve duas pessoas, é preciso uma via de mão dupla. Aprendi que pessoas com comportamentos narcisistas ou mesmo de psicopatia não mudam. Aprendi que mulheres podem ser amigas fiéis e verdadeiras umas das outras. Aprendi a ouvir mais, julgar menos e, principalmente, a não definir ninguém, pois todos os seres humanos podem nos surpreender, sejam de maneiras positivas ou negativas. E, principalmente, aprendi que não podemos depositar expectativas ou querer alguém que nos cause dores físicas e emocionais

Hoje me sinto feliz em poder dar suporte à Sandrinha, que está passando por um momento delicado, afinal, como ela mesma havia dito: "Somos um pela outra". E aqui estou.

16

O PODER DE RESSIGNIFICAR EM MEIO AO CAOS

Esta história é sobre a ressignificação de uma experiência dolorosa que me impulsionou para a transformação de uma vida inteira. O equilíbrio da energia feminina modificou a adversidade caótica interna e externa em esperança, por meio de um processo de cura física, espiritual e emocional.

LUANA UCHÔA

Luana Uchôa

Advogada. Mestre em Psicologia pela Universidade Ibirapuera. Especialista em Ciências Penais pelo Instituto Luiz Flávio Gomes. Especialista em Direito Previdenciário pela EBRADI – Escola Brasileira de Direito. Membro da Comissão da Mulher Advogada de São Paulo. Consultora de planejamento previdenciário, com foco no melhor benefício ao segurado da previdência.

Contatos
www.luanaprevi.com.br
luanauchoa@adv.oabsp.org.br
Instagram: @luanauchoa_adv
LinkedIn: linkedin.com/in/luanauchoa
11 95842 1509

> *Ressignificar a nossa história de vida é o maior ato de amor que podemos nos ofertar. Cuide da sua dor e transforme o que já te machucou em energia para acender um novo brilho no seu interior.*

Era julho de 2018, eu ainda não sabia, mas algo estava prestes a acontecer e mudaria minha vida para sempre. Ressignificaria a dor e a transformaria em força para alcançar a concretização do meu maior sonho: ser MÃE.

Um processo lento, o qual persiste até hoje, assim como deverá existir como uma decisão diária, mas agora com leveza e foco nos resultados extraordinários capazes de proporcionar bons frutos. O importante, a ciência do resgate de uma mulher capaz de gerar cura a uma geração.

O começo

Sempre fui ladeada de energia feminina, desde a infância, com núcleo familiar de cinco pessoas, tendo apenas a figura paterna como elo masculino e, ainda assim, com presença física escassa por conta do trabalho, com foco na provisão e sustento do lar.

A matriarca, resultado de uma linhagem de quatro irmãs e quatro irmãos, foi a primeira a ter formação acadêmica de ensino superior. Sua determinação e persistência na busca incessante por seus objetivos não se limitava, sempre foi ambiciosa, de acordo com seus princípios e valores. Estava à frente do seu tempo, sempre. Mulher, mãe, assistente social, esposa, amiga, ministra da eucaristia. O céu sempre foi o limite. Assim, transmitiu essa energia, emanando mudanças nas gerações futuras, a começar pelas três filhas, uma delas, eu, a primogênita.

Cresci nesse contexto, acreditando que a mulher forte é aquela capaz de ter autonomia financeira, poder de administrar o lar, ter a sabedoria de conduzir o casamento, gerar filhos, não ter fronteiras.

Assim, a partir dessa vivência energética feminina, aprendi a desenvolver com mais ênfase uma polaridade essencialmente dominante, absorvendo da matriarca a essência ligada ao senso de direção, propósito, escolha e decisão, o que não afastou o desejo de constituir uma família; ao contrário, despertou de forma mais intensa, dada também pela base cristã, pois a experiência transmitida apontava que era o melhor caminho. E está sendo, até aqui.

Foi dessa maneira que o exemplo de mulher absorvido no seio familiar acarretou a escolha da minha profissão em determinado momento da vida: defensora de mulheres por meio da advocacia, o que ratificou a necessidade da conexão com outras mulheres, acolhendo vulnerabilidades e enaltecendo valores. Um ciclo mútuo de partilha e possibilidades de aprendizado para a vida.

A descoberta

O tempo passou. A fase adulta chegou e, com ela, as responsabilidades inerentes ao momento. Com a profissão consolidada, até então eu exercia a advocacia na área penal. Um desafio, pois o mercado criminal é predominantemente masculino. Concomitantemente ao exercício da advocacia em um escritório de associados, eu desenvolvia um trabalho de combate à violência doméstica e familiar, pela prefeitura da cidade de Santarém, Estado do Pará. Por vezes, realizávamos ações nas regiões ribeirinhas, levando às mulheres conhecimento sobre seus direitos. E foi em uma dessas ações, durante o traslado de lancha, em meio ao Rio Tapajós, que foi notado o primeiro sinal: um desconforto abdominal nunca sentido antes. Já noiva há quase seis meses, com casamento marcado, a surpresa: a notícia da gravidez. Foi uma mistura de sentimentos, ora angústia e preocupações, diante da antecipação inesperada de planos, ora felicidade e satisfação, por alcançar o desejo de constituir uma família.

A dor

O perturbador sentimento de inquietude e aflição deu vez à certeza de ter sido escolhida para gerar uma vida naquele momento. Era a hora! Era julho de 2018.

Apoderada dos hormônios maternais, iniciamos o pré-natal.

A primeira roupinha. O primeiro sapatinho. O anúncio aos parentes próximos. A antecipação do casamento. Uma experiência única! Um transbordo de amor! A materialização de um sonho sendo concretizado no meu ventre.

Os dias foram passando e, com ele, episódios de uma possível gestação de risco. Idas ao laboratório viraram rotina. Exames se intensificaram. O medo passou a acessar a mente e a dilacerar a alma.

Então, veio dia 1 de setembro de 2018. Era o fim... O sonho virou pesadelo.

O luto

Eis a pior fase: o luto. Aceitar a dor da perda. Buscar forças para seguir em frente. Fortalecer a fé para recalcular a rota e não esmorecer diante do caos. Como? Não encontrava respostas. Na insignificância da ignorância, questionava Deus sobre as circunstâncias que estava passando naquele momento. Mulher de pouca fé? Logo eu, devota de Nossa Senhora, pagadora assídua de promessas, catequista na igreja. Não adiantava, estava fraca. Sem esperanças. Desconectei a essência da mulher forte e que inspirava tantas outras, dando razão à existência de uma mulher amargurada. Que fase! Em luto por aquele ser que já estava sendo gerado em meu ventre há oito semanas, e que, na mesma medida que pulsava, emitia a certeza de um bem maior, do amor.

A linhagem

Os maiores exemplos de fortaleza materna próximos são minha mãe e minha irmã. Inspiram e exalam sabedoria, principalmente diante do caos. Por meio delas, fui impulsionada a ser transformada em obra de amor. Ambas elevam o poder do feminino na sociedade por meio da profissão, da maternidade, do testemunho de vida. E eu, a primogênita da família, precisava dar continuidade a essa linhagem. Compreender que a dor que estava vivenciando não precisava definir minha vida.

Ainda morava com meus pais. Minha irmã, casada e com três filhos, residia em outra cidade. A caçula, ainda sem experiência no maternar, estava focada nos estudos. Com isso, meu porto seguro veio do meu maior referencial de mulher, minha mãe. Ela, com sua sabedoria e acolhimento, foi essencial no meu processo de resgate. Sempre esteve lá, dando asas sem mesmo deixar de ser ninho. Com sua fortaleza e potência feminina – no olhar, no tocar, no agir –, a coragem se materializou dentro de mim, direcionando a menina que estava na escuridão a voltar a ser mulher de luz e graça.

Assim, me fez afastar o sentimento de vitimismo, pois me levou a atingir o equilíbrio da energia feminina que precisava para seguir o caminho e voltar a inspirar tantas mulheres com minha trajetória, da qual sempre tive orgulho. No entanto, alcançar a plenitude necessitava de gestos concretos de coragem.

Assim, decidi iniciar o processo de cura.

O processo

Todo processo de mudança requer abnegação. Comigo não foi diferente. Cicatrizes existiam. O que fazer com elas definiria os dias adiante. Então foi acontecendo. O tempo não cura, o que decidimos fazer com ele, sim. Estava decidida. Precisava sair da zona de conforto. Era a largada ao encontro de resultados extraordinários. Após investigações sobre a causa da perda, eis a resposta: problemas hormonais ensejaram o aborto espontâneo. Então, fomos à luta. Recalculamos a rota. Era o início de uma nova história. Casamos. Mais um passo dado. Precisávamos agir. E assim fizemos. Dias de luta, dias de glória. Mudamos de Estado, saímos do Pará e passamos a morar em São Paulo. Com a mudança de território, também foi necessário mudar de atitudes, elegi cinco ações que foram cruciais para meu resgate e processo de cura:

1. Fortalecimento da conexão espiritual: ao me deparar com o caos da perda, pude testemunhar a vivência da hipocrisia de uma cristã. Ao decidir fortalecer a espiritualidade na sua verdadeira essência, encontrei um sentido mais profundo de propósito e significado na vida. A conexão proporcionou um aumento significativo de resiliência mental, tornando um recurso fundamental para superar a fase ruim, auxiliando a obter atitudes mais positivas, resgatando minha potência feminina.

2. Prática de atividade física: após o diagnóstico que resultou no aborto, a atividade física se fez necessária e tornou-se aliada para a obtenção de saúde. É impressionante o quanto o ato de "movimentar-se" enseja em equilíbrio também mental, e não apenas físico. Corpo forte, mente sã. O mais

impressionante é que o hábito inspira tantas outras mulheres, tornando-se um ciclo de resgate mútuo.

3. Hábitos alimentares saudáveis: a reeducação alimentar promove uma vida mais energética. Os alimentos consumidos são combustíveis para nosso corpo, que é nossa máquina. A partir de um acompanhamento profissional, os resultados dos exames foram satisfatórios e ensejaram em qualidade de vida.

4. Alinhamento da energia feminina e masculina: acolher e reconhecer a essência feminina é de suma importância para honrar nossos desejos. Equilibrar nossas polaridades é nos leva a viver de maneira autêntica, a firmar nossa verdade, sem invadir o espaço alheio, seja do cônjuge, dos amigos, do pai, do irmão. Reconhecer que somos seres complexos e diferentes, com suas peculiaridades, acarretou a permissividade do recomeçar, com perspectivas alinhadas à minha energia.

5. Prática da gratidão: exercitar a gratidão diariamente minimiza os sentimentos de pessimismo, gerando um ciclo positivo em nossas vidas. Ao reconhecer e valorizar as coisas boas, a tendência é atrair mais coisas boas, já que estamos sintonizados com as oportunidades positivas. Além de nos levar a ser mais generosos em relação às outras pessoas, estando mais propensos a propagar o bem.

A doce espera

Sem dúvidas, despertar o sagrado feminino por meio de partilha com outras mulheres se fez necessário para alcançar o equilíbrio e se mostrou eficaz para o processo de cura. Seja por meio da fortaleza e acolhimento de uma mãe, ou mesmo por meio das experiências durante o trabalho voltado a mulheres vítimas de violência doméstica e familiar. Realmente, é um ciclo mútuo de desenvolvimento e resgate. Oportunidade de troca de dores e aprendizados. É a certeza de ser agraciada com o encorajamento de outra mulher e se fazer fortalecer diante do caos. É ressignificar para não esmorecer. O processo é individual, contínuo; no entanto, a conexão com a potência feminina compartilhada desencadeou a possibilidade de amparo e encontro com uma melhor versão.

Ressignificar requer autocompaixão, paciência consigo mesma e a disposição de se abrir para novas maneiras de ver o mundo a volta. No entanto, o poder de ressignificar pode permitir não apenas que se sobreviva ao caos, mas também que se saia dele mais forte e resiliente.

Com esse poder diante do caos, o resultado extraordinário está acontecendo, se concretizando dentro do meu ventre. Hoje, com 37 semanas de uma gestação saudável, sou uma mulher vivendo em sua plenitude. O poder de ressignificar em meio ao caos me trouxe a doce espera da realização de um sonho: ser MÃE.

Estou gerando uma menina, a Clarice Bettina, minha filha. Fruto de um amor selado diante do altar do Senhor. O símbolo do sim à vida. O sim da continuidade da nossa linhagem, de mulheres capazes de encontrar luz diante da escuridão e inspirar tantas outras. É o resultado do resgate de uma mulher sendo eternizada na cura de uma geração.

E estar vivenciando esses momentos de muita luta e grandes vitórias, remete-me às palavras de Jorge Larrosa Bondía, em seu artigo *Notas sobre a experiência e o saber de experiência*:

> O sujeito da experiência é um sujeito sofredor, padecente, receptivo, aceitante, interpelado, submetido. Seu contrário, o sujeito incapaz de experiência, seria um sujeito firme, forte, impávido, inatingível, erguido, anestesiado, apático, definido por seu saber, por seu poder e por sua vontade.

Logo, alguém que conhece a dor, o sofrimento, o luto, a perda e o medo é, de fato, um ser experiente. Não se pode medir a experiência de uma pessoa por seu sucesso, por seu poder ou por quantos troféus conquistou. Alguém que precisou transformar o sofrimento em sucesso, ressignificando-se, por cinco anos, é muito mais experiente do que alguém que colecionou vitórias e troféus por cinco décadas, sem precisar ser resiliente e transformado.

Hoje eu me reconheço não apenas pelos fatos em si, aquilo que aconteceu externamente, mas pela transformação que precisei viver diante da perda, para hoje estar vivendo a plenitude de ser mãe. Ratificando as palavras de Larrosa, o importante não é o que acontece, mas o que nos acontece, nos toca e o que somos capazes de ressignificar. Juntas, somos mais fortes e podemos transformar uma geração inteira.

17

UM CORAÇÃO DE FILHA

Neste capítulo, vou compartilhar com você uma história verídica movida pelo amor incondicional à minha filha, Maria Valentina, e recheada de resiliência, coragem e superação. Aqui, também ressalto o apoio e a força de amigas verdadeiras, que me cuidaram, ficaram em silêncio ao meu lado, foram amparo e suporte nos momentos que mais necessitei e me deram a força necessária para superar todos os desafios e dificuldades.

MARIA CAROLINA DE OLIVEIRA SOARES

Maria Carolina de Oliveira Soares

Advogada, formada em 1995 pela Universidade Católica de Direito de Santos. Pós-graduada *lato sensu* em Direito Trabalhista Portuário. Escritório de advocacia voltado para as áreas cível e trabalhista. Mãe da Maria Valentina.

Contatos
carololso@hotmail.com
Instagram: maria_carolina_de_oliveira

Maria Carolina de Oliveira Soares

Minha vida sempre foi sem grandes emoções, com os problemas que a maioria das pessoas têm: dinheiro, trabalho e nada de grandes dificuldades ou surpresas.

Em 2011, vi minha vida mudar da noite para o dia. Ano que trouxe o meu maior presente e conquista. Mas também muitas mudanças, dificuldades e sofrimento.

Meu maior tesouro, Maria Valentina, nasceu em abril. Uma bebê linda que faria mudar toda minha visão sobre a vida e sobre as pessoas.

Ela nasceu sob o sol de Áries, signo forte e de muita energia. Foi uma gestação tranquila, sem intercorrências. Nas três primeiras consultas no pediatra, tudo certo, sossegado e apenas notícias boas.

Na quarta consulta, com 47 dias de vida precisamente, o pediatra fez uma análise mais profunda e, em segundos, nossas vidas mudaram.

De uma bebê cor-de-rosa, para uma criança arroxeada. Cianose é uma coloração azulada na pele, nos lábios e nas unhas causada pela escassez de oxigênio no sangue. A expressão "cianótica" eu nunca havia escutado e nunca mais iria esquecer.

A consulta começou normalmente, o pediatra auscultou o coração e detectou algo diferente. Começou uma cena horrorosa na minha frente. O médico entrou em pânico, chamou a secretária para que ligasse para o cardiologista. A ligação ocorreu na minha frente e o pediatra disse que apenas naquele momento detectou um sopro no coração.

O sopro é um buraquinho que é detectado pela ausculta do coração e representa a passagem mais rápida do fluxo sanguíneo. Já havia escutado essa expressão, mas não tinha a dimensão do problema que estava por vir.

O desespero do médico era grande e me trouxe um aperto no coração, insegurança e medo. Enquanto isso, o pai afirmava que o pediatra era um "velho louco" e que eu era influenciada e desesperada.

A consulta do cardiologista foi agendada contra a vontade do pai, mas eu sempre busquei ter todas as respostas e, "seguro morreu de velho", então fui à consulta.

O cardiologista, um médico atencioso e gentil, confirmou que a bebê tinha o sopro, mas afirmou que seria necessário fazer um ecocardiograma para verificar qual a extensão do problema, pois tinha alguma coisa mais grave. Como assim mais grave que o sopro?

Marcado o exame, estava lá eu, minha bebê, o pai e a minha mãe. A médica era conhecida na cidade pela competência e sinceridade. Na primeira passagem do equipamento sobre o coração da bebê, ela decidiu ligar para o cardiologista e foi bem direta: "Doutor, eu não sei se a menina não tem a válvula pulmonar ou se o meu equipamento está com defeito". Como assim? Falha no equipamento, sem válvula pulmonar? Algo grotesco de se ouvir e, ao mesmo tempo, incompreensível.

Fomos encaminhados ao cardiologista, que já nos esperava. Ele confirmou o diagnóstico e fez o encaminhamento imediato ao Hospital do Coração, em São Paulo, pois na minha cidade não havia tratamento especializado para crianças com problemas cardíacos.

Não tínhamos nada preparado. Como toda mãe principiante, apenas minha filha tinha malinha com muda de roupa, leite extra, fraldas etc. Fomos para São Paulo apenas com a roupa do corpo, esperando que fosse apenas mais uma avaliação. Chegando ao hospital, havia uma equipe médica aguardando.

Repetimos o ecocardiograma e o diagnóstico foi confirmado. A minha filha era portadora de uma cardiopatia congênita, a atresia pulmonar, definida por uma valva pulmonar incompleta ou parcialmente fechada, como se houvesse um músculo fechando a passagem de sangue do ventrículo direito para a artéria pulmonar. Na atresia pulmonar com comunicação interventricular, além do acometimento da valva pulmonar, há, também, um orifício na parede que separa os ventrículos direito e esquerdo, chamado de comunicação interventricular (CIV).

Naquele momento, o meu chão desabou. O único problema de saúde que eu tive na minha vida foi um pé quebrado quando criança. Eu não bebia, não fumava, não tinha problema algum. Minha avó havia falecido aos 96 anos, ou seja, família sem doenças graves. Como uma bebezinha nasce com um problema de coração? Não há explicação… A cardiopatia congênita poderia ter sido diagnosticada ainda na gestação, por meio do ultrassom. Mas não foi. Foi detectada na quarta consulta. O diagnóstico tardio causou mais um problema, pois o ultrassom foi feito pelo primo de minha mãe, que ficou sabendo da condição de saúde da minha filha e sentiu-se culpado pela falha no exame. Com isso, o núcleo familiar ficou menor ainda: eu, minha mãe e o pai da minha filha.

Minha bebê foi encaminhada para a UTI Infantil do Hospital do Coração. Minha vida mudou em questão de horas. Tinha uma vida tranquila e, de repente, virei uma mãe de UTI: uma vida de intercorrências, angústias e incertezas.

Nos primeiros dias, não sabia nem falar o nome da doença. Até então, minha bebê mamava no peito, era tranquila. Dali, passei para uma recém-nascida internada na UTI em estado grave, com sondas e monitorada 24 horas por aparelhos. Algo surreal e sem explicação.

Passados alguns momentos, ela começou a receber o leite pela sonda, porém bronco aspirou o leite e teve uma parada cardiorrespiratória na minha frente. Vi minha filha ficar arroxeada e toda a equipe de enfermeiras e médicos largar tudo para prestar socorro. Foi chocante. Tudo numa questão de segundos. A pele escureceu e voltou quando feito o procedimento correto. Estabilizada, foi entubada e teve todos os cuidados possíveis.

Ao passar o cateter de Tenckoff, foi perfurado o estômago da minha filha, que foi encaminhada ao centro cirúrgico para fazer uma rafia gástrica, quando foi descoberta uma necrose no intestino, sendo necessário fazer mais uma cirurgia, desta vez, para colocar uma bolsa de colostomia.

O meu grande medo era que o uso desta bolsa fosse para a vida toda. Passado o momento crítico, foi explicado que seria revertida após a cirurgia do coração. Ufa!

Foram 50 dias vivendo na UTI. "Cada mergulho, um flash", diz o ditado. Cada minuto na UTI, uma intercorrência. Dias melhores, dias piores. Experiências diversas. Quando uma mãe ri, todas ficam felizes; quando uma criança se recupera, o coração de outra mãe se enche de esperança; quando uma mãe chora, todas choram juntas em silêncio.

Nesse momento, percebi que a ignorância é excelente, pois quando comecei a entender sobre a doença, percebi os problemas que enfrentaria pela frente.

Quando você tem uma filha na UTI, dá muito valor aos amigos que vêm apoiar. Tive uma amiga que me recebeu em sua casa durante 50 dias, cuidou de mim, ficou em silêncio ao meu lado e me amparou no momento que mais necessitei. Ela esteve junto em todos os momentos difíceis, me deu força, conversou com os médicos para entender melhor da doença e das intercorrências que estavam acontecendo.

Essa amizade me deu forças para superar as dificuldades da internação. Essa minha amiga de São Paulo, minha ex-estagiária e coordenadora deste projeto, fez muito mais do que o pai da minha filha, que a cada dia se afastava mais do problema.

Aliás, amigos maravilhosos não faltaram. Já tinha uma melhor amiga e ganhei o marido dela como melhor amigo, pois foram pessoas nas quais encontrei apoio e força.

Depois desse período na UTI, minha filha foi para o quarto. Passados 70 dias, teve alta médica e voltou para casa, assistida por *home care*. A casa virou uma extensão do hospital, toda adaptada às suas necessidades.

Quando achei que tudo ia ficar tranquilo, que voltaríamos à quase normalidade da vida, outra decepção.

Chegamos em casa dia 1 de agosto. Apenas dois dias após a alta, o pai falou que precisava ficar um tempo com a família dele, pois toda a situação era muito triste. Oi? Como assim? Era triste só para ele, para mim não era? Ele não pensou em mim, muito menos na filha.

Ele foi embora e nunca mais voltou, nem para saber como e quando seria a cirurgia ou se estávamos precisando de alguma coisa. Entrei para a estatística. No hospital, um estudo revelava que o pai, ao receber o diagnóstico, costuma abandonar a criança e a mãe.

Em nenhum momento pude pensar em parar de trabalhar e me dedicar somente à minha filha. Ele demonstrou a fraqueza do ser humano diante de uma situação imprevisível. Demonstrou falta de amor, solidariedade, compaixão e de comprometimento com a paternidade. Era o momento de ele estar junto da filha e ampará-la em cada procedimento.

Não sou uma mulher que se humilha para o homem ficar ao seu lado. Deixei que ele fosse, pois, naquele momento, tinha que me dedicar à minha filha. Sinto não poder mudar isso. Mas não tenho do que me queixar, minhas amigas me amparam e até hoje me dão forças para seguir na luta.

O pai nunca deu contribuição financeira nem emocional. Aliás, ele nem sabe se a filha está viva ou não. Talvez saiba pelas redes sociais. Passado um ano, em 2012, minha filha fez a cirurgia do coração, colocou uma prótese para valva pulmonar e fechou o sopro. Essa internação já foi diferente: a cirurgia foi um sucesso e a recuperação foi fantástica. A equipe do Hospital do Coração foi maravilhosa em todos os sentidos, na educação, no carinho e, principalmente na competência. Voltamos para casa e começamos a ter uma vida mais sossegada.

Após um ano, minha filha fez a reversão da colostomia, deixou de usar a bolsinha e passou a viver uma vida normal.

Maria Valentina foi crescendo e notamos algumas dificuldades: não interagia, não falava e tinha alguns movimentos repetitivos. Começava outra fase nas nossas vidas. Até os quatro anos de idade, não falava e se comunicava por gestos. Muitos entendidos, outros não. Por que ela não falava? O que havia de errado? Por onde começar?

Procuramos uma médica neurologista que, em menos de dez minutos de consulta, afirmou: "Sua filha nunca falará. Ela é autista e nunca irá falar". Como assim? Dez minutos é pouco tempo para um diagnóstico. Saí da consulta destruída, sem rumo e sem chão. Não era possível aquilo estar acontecendo.

Procurei a cardiologista do HCOR, que me indicou uma neurologista excelente, totalmente diferente da primeira, que abordou o mesmo problema de uma forma delicada e mais objetiva.

A médica disse que minha filha estava dentro do espectro autista, porém havia algumas intervenções a serem feitas, como atendimentos com fonoaudióloga e psicólogos. Não é fácil receber esse diagnóstico, mas quando ele é tratado com atenção e carinho, é mais fácil de ser aceito, compreendido e providenciado o tratamento adequado.

Maria Carolina de Oliveira Soares

O transtorno do espectro autista (TEA) é considerado um transtorno de neurodesenvolvimento. É diferente para cada criança, algumas têm dificuldade na comunicação (não fala ou tem fala repetitiva), outras possuem um interesse restrito por objetos e fenômenos. Há, também, a ocorrência de comportamentos estereotipados, como balançar o corpo para frente e para trás, girar objetos e balançar repetidamente as mãos. Minha filha tinha dificuldade de interagir socialmente e um repertório restrito de brincadeiras.

Não sei dizer qual foi o diagnóstico mais difícil de receber, o da cardiopatia congênita ou do autismo. De qualquer forma, não houve o que fazer além de correr atrás, para que ela tivesse uma vida normal ou, pelo menos, mais próxima da normalidade.

No caso do autismo, todas as intervenções são importantes para desenvolver suas habilidades e é preciso uma equipe multidisciplinar, com fonoaudióloga, psicóloga, neuropedagoga, musicoterapeuta etc.

Cada criança tem o seu tempo e tem o seu desenvolvimento. O tempo da criança não é o mesmo tempo da família. Aí vem a ansiedade e o nervosismo. As terapias demandam tempo, dinheiro, paciência, esperança e são importantes para o desenvolvimento da criança. O importante é ter fé em Deus e acreditar que amanhã será melhor que hoje.

O bom resultado não aparece da noite para o dia. A família tem que persistir e jamais desistir, pois o resultado aparece e a criança responde e desenvolve suas habilidades.

Após o diagnóstico, iniciamos o tratamento de reabilitação. Quanto antes as terapias/intervenções começam, mais rápido vem a autonomia e se percebe a independência nas atividades da vida cotidiana.

O diagnóstico de autismo não é fácil. Além de não entender, você passa a sofrer o distanciamento das pessoas. Seus amigos, ou supostos amigos, se afastam, pois não querem que os filhos convivam com uma criança autista, acham que a criança pode ser violenta ou não tem condições de brincar com as outras crianças. Foi exatamente isso que aconteceu. Família pequena eu já tinha, mas não sabia que ia ficar com menos amigos também. Diversos amigos acabaram se distanciando. Nem posso culpá-los, pois a ignorância sobre o diagnóstico é muito grande.

Lembro-me de uma festa que nós fomos e aconteceu um problema na mesa de doces e a mãe da aniversariante veio falar com a minha filha para não ficar perto. O padrasto da moça falou que não foi a minha filha e, sim, outra criança. Lógico que era mais fácil acreditar que tinha sido a criança autista que havia bagunçado a mesa do que a outra criança que não era autista. Ignorância, preconceito, isolamento.

Passamos por tudo isso. Mas também encontramos amor, amizade e parcerias. Hoje, Maria Valentina tem 12 anos, estuda em uma escola regular, está cursando o 7º ano, suas provas são adaptadas e desenvolve as mesmas atividades que as demais crianças. Leva uma vida plena, tem amigos. Continua tendo acompanhamento multidisciplinar. Ela fala, canta, discute diversos assuntos e tem um atraso que é contornado com os aprendizados da psicopedagoga, da psicóloga e da escola.

E o principal, Maria Valentina é uma menina feliz. Sou uma pessoa imperfeita, mas tenho a certeza de que fiz o meu melhor e continuarei lutando por ela até os meus últimos dias.

Agradeço à minha mãe pela força que me deu e me dá até hoje mesmo com 75 anos de idade; às minhas amigas, que me seguraram quando achei que ia cair. Mulheres de fibra, de coração, enfim, mulheres que me curaram quando mais precisei. Mulheres que estiveram comigo em momentos difíceis apenas para me ver bem, sem pedir nada em troca, como a verdadeira amizade precisa ser.

18

VER NÃO É O MESMO QUE ENXERGAR
HÁ SEMPRE UM INTERESSANTE PONTO DE VISTA A SER CONSIDERADO

Neste capítulo, compartilho um momento da minha vida em que cheguei ao famigerado "fundo do poço" e como me superei, recordando toda a força interior que manifestei no auge da minha adolescência. Busquei sair da minha zona de conforto e relembrar uma das fases que mais me machucaram, na qual fiquei perdida e, muitas vezes, me sentindo sozinha e sem qualquer esperança de ressurgir. Durante essa jornada, encontrei algumas mulheres que me resgataram e que, inacreditavelmente, e sem que eu percebesse, me ajudaram a suportar aquelas dores, mesmo não tendo ideia do que estavam fazendo e da potência que aquilo teria na minha trajetória.

NICOLLE CAVALCANTE ALVES DE SOUZA

Nicolle Cavalcante Alves de Souza

Foto: Felipe Neves Olivares

Graduanda do último ano de Direito na Universidade São Judas Tadeu, com diversos cursos de extensão na área de Direito, como Psicologia Jurídica, Direito Minerário, Políticas Públicas, Recuperação Judicial e Falência. Certificada pelo Internacional Education Bureal, no *General English Program*, por meio de imersão cultural em Las Vegas, EUA, nos anos de 2017 e 2018. Certificada em 2022 em *Social Policies: Tools for Enhancing Social Equality*, ministrado na língua inglesa pelo professor Luís Fernando, na USJT. Durante três anos, foi estagiária de Direito no Alves de Souza, escritório de advocacia com atuação focada nas áreas cível, trabalhista e previdenciária. Atualmente, é estagiária de Direito na PGFN (Procuradoria Geral da Fazenda Nacional da 3ª Região – Departamento da DIDAU), com atuação focada na área tributária.

Contatos
Instagram: @nii_caval
Facebook: facebook.com/nicolle042
LinkedIn: linkedin.com/in/nicolle-cavalcante/

Nicolle Cavalcante Alves de Souza

> *Há algo especial em você, algo que brilha.*
> *Não tenha medo de expressar sua verdade.*
> AUTORIA DESCONHECIDA

Permita-me compartilhar com você um momento complexo e impulsionador da minha jornada, quando descobri a força que existe dentro de mim e que me conectou verdadeiramente com outras pessoas e me ensinou a desenvolver um olhar diferente para o mundo e compreender que sozinhas não vamos a lugar algum.

Era começo de 2016, eu tinha completado 15 anos há pouquíssimo tempo. A tão sonhada festa de debutante se materializou de uma forma que jamais imaginei que fosse possível. Todos os detalhes para o momento mais especial da minha vida até então foram pensados, como o vestido de princesa, a valsa com meu pai, as "15 melhores amigas" dançando comigo, um lindo anel solitário. Se no decorrer dos anos anteriores alguém dissesse que viveria algo parecido, eu não acreditaria.

Tinha aquela ideia desconstruída sobre grandes festas, achava besteira e até desnecessário, porém gostava de celebrar a minha existência e a minha saúde, então decidi que faria uma festa e organizei todos os detalhes em poucos meses com a ajuda da minha mãe, que sempre moveu o mundo para me ver bem e realizar todos os meus desejos.

Resgate uma mulher e cure uma geração

Acredito que tenha sido o momento mais marcante da minha vida.

Comecei o Ensino Médio em uma escola nova, com ânsia de respirar novos ares, conhecer novos ambientes, novas pessoas e viver novos amores. Estava anestesiada, completamente realizada, me sentia completa e jurei que aquele seria o meu ano. Mas a vida é uma caixinha de surpresas e tudo desabou.

Quais traumas a rivalidade feminina pode desencadear na vida de uma mulher? A ideia culturalmente enraizada de que sempre devemos ser melhores que as outras mulheres provoca uma competição asquerosa e doentia. Hoje, entendo que a pressão estética e as produções midiáticas contribuem para a dificuldade de acolhimento entre mulheres.

Aliás, desde a infância, somos incentivadas a competirmos umas com as outras. Tem sempre aquela listinha das meninas mais bonitas da classe, quem vai ficar com o menino mais popular do colégio e até mesmo os incontáveis filmes que mostram grupos de meninas inimigas. Tudo isso nos faz crescer com a ideia de que o comum é sermos rivais.

Eu fazia parte do grupo das "garotas populares" da escola, e sempre estive cercada de muitas pessoas. Cresci acostumada a ter um grande círculo de amizade, a sair todos os finais de semana, a ser conhecida pela galera. Acredito que na adolescência a escola seja relevante para a maioria das pessoas, mas para algumas, marca de forma profunda e negativa.

Nessa nova fase da minha vida, acabei conhecendo a Nathalia, uma pessoa que já tinha vivido muitas coisas. Apesar de jovem, havia morado em muitas cidades, estudado em muitas escolas, feito muitos amigos e passado por muitas religiões. Era do signo de capricórnio, assim como eu. O começo da nossa convivência foi um pouco difícil, mas depois percebemos que éramos mais parecidas do que podíamos imaginar. Estudávamos juntas e começamos a compartilhar o mesmo grupo social.

Ninguém acreditava quando dizíamos que nossa amizade era recente, dava para sentir nossa conexão rapidamente, nossa amizade era muito sincera. Entretanto, nossa relação honesta e autêntica acabou gerando sentimentos negativos em algumas garotas que estudavam na mesma turma.

Nunca tinha imaginado sofrer ataques de mulheres tão próximas a mim por causa de ciúme de amizade e da relação que conquistamos com outras pessoas. Ter o seu nome envolvido em injúrias, calúnias e difamações por puro ego, por vontade de se sobressair e de se sentir maior e melhor, sofrer insultos de quem não se espera é uma das maiores apunhaladas que se pode receber. Não estou falando que éramos "santas benevolentes", mas de forma alguma merecíamos ser alvo de fofocas na escola e de mensagens ofensivas nas redes sociais.

Confesso que fiquei por algumas semanas pensando sobre o que escrever neste capítulo. Tinha a sensação de que, quanto mais eu pensava, menos ideias eu tinha. Eu me questionava: como vou escrever sobre ajudar uma mulher se a lembrança mais latente era a de ter sido vítima delas? Como falam para termos empatia se muitas vezes a primeira pessoa que te ataca é uma mulher? Onde encontrar tanta força para continuar dando o meu melhor? Esse é um tema tão delicado que acabava deixando a minha confiança abalada e colocava em dúvida o meu propósito de estar aqui.

Sempre uma mulher, mas nem toda mulher. O sentimento de inferioridade pode levar uma pessoa a ter comportamentos atípicos e exacerbados. A rivalidade feminina não obedece a regras e pode te levar a acreditar que, quanto mais corrompida você for, melhor você se sentirá, mas a verdade é que uma mulher emocionalmente saudável jamais ferirá outra; ao contrário, certamente será suporte para aquelas que dela precisam; mas demorei para entender isso.

Nathalia não suportou tamanha pressão, as inúmeras provocações e decidiu mudar de escola. Ali, naquele momento, eu me vi completamente sozinha, um cordeirinho fragilizado no meio de vários lobos torcendo para me verem no fundo do poço.

Era começo de setembro, faltavam pouco mais de dois meses para as férias de dezembro. Eu implorava e chorava muito, pedia à minha mãe que fizesse a transferência de escola; ela percebia a minha agonia e o tormento que estava sendo para mim, mas disse que eu deveria completar o ano letivo e prometeu que depois veríamos para qual escola eu iria. Dela, sempre recebi apoio incondicional e forças para não interferir na minha saúde mental.

Foram os meses mais longos da minha vida.

Nathalia, mesmo em outro colégio, sempre se fazia presente e não me abandonou em momento algum. Sempre ia até mim, nos encontrávamos na saída da aula, mas não era a mesma coisa. Ela não imaginava tudo que eu aguentava. Independente de toda a bagunça que fizemos e todos os problemas que vivemos, ela sempre esteve do meu lado, sempre deu a certeza da nossa amizade e ofereceu muito apoio.

Eu era uma menina de 16 anos vivendo no meio de uma turbulência. Joguei a dor debaixo do tapete e segui minha vida, tentando fingir que ela nunca existiu. Mas até hoje, quase sete anos depois, a ferida aberta ainda está gravada em mim. Sei que a dificuldade que sinto de confiar e me entregar a novas amizades é resultado disso.

Enquanto todo esse caos acontecia em São Paulo, nos finais de semana eu me sentia leve. Meus pais possuem uma casa no litoral há anos, em um condomínio na beira do morro, pequeno e aconchegante. Lembro que eu contava os segundos para ir para Mongaguá, lugar onde sempre foi o meu lar, o meu refúgio e me sentia acolhida e amada.

Nicolle Cavalcante Alves de Souza

Em Mongaguá eu tenho duas vizinhas, Laura e Mariane, que são irmãs e considero como se fossem da minha família. A convivência ao longo dos anos foi se transformando num elo familiar. Era nítida a reciprocidade. Não consigo explicar tamanha intensidade, acredito que seja coisa do destino, como uma conexão de outras vidas. Ali existe, até hoje, um sentimento recíproco. O carinho é tanto, que uma família adotou a outra como sua. Nossa conexão é tão profunda que Márcia, mãe delas, foi escolhida por mim como madrinha de crisma. Se pudesse usar um exemplo de amizade verdadeira, seria essa. Naquela época, elas percebiam que eu não estava bem e sempre faziam de tudo para me ver feliz.

Escolher alguém para ser madrinha, seja de batismo ou de crisma, é uma grande responsabilidade. A madrinha tem a missão de ajudar, cuidar e proteger. Quando nasci, meus pais não poderiam ter escolhido pessoa melhor para ser minha madrinha de batismo, Andrea é realmente uma segunda mãe para mim e sempre esteve presente em todos os momentos da minha vida.

Quando iniciei a preparação da crisma, já sabia que teria que escolher alguém especial, uma pessoa que realmente gostasse.

Durante a preparação da crisma, pensei muito, mas confesso que lá no fundo eu sempre soube que escolheria a Márcia. Depois de muitos anos de convivência, até a chamava de "mãe" e brincávamos que daria um jeito de ser incluída na família. Nossa conexão era realmente muito forte e o tamanho apreço, inegável

De todas as escolhas que já fiz, essa sem dúvida foi uma das mais importantes. Contudo, tenho certeza de que tomei a melhor decisão, assim como a minha mãe fez ao escolher a minha madrinha de batismo, me concedendo a alguém especial.

Quando pesquisei a palavra "amizade" na internet, apareceram muitos textos, fotos, frases e músicas, mas o que mais chamou a minha atenção foi a seguinte frase.

> A amizade pode ter, como origem, um instinto de sobrevivência da espécie, com a necessidade de proteger e ser protegido por outros seres. Alguns amigos se denominam 'melhores amigos'. Os melhores amigos, muitas vezes, se conhecem mais que os próprios familiares e cônjuge, funcionando como um confidente. Para atingir esse grau de amizade, muita confiança e fidelidade são depositadas.

A verdadeira amizade faz você ser leve, transbordar, esquecer os problemas e, simplesmente, ser feliz. E era exatamente assim que eu me sentia em Mongaguá: radiante! Parecia que o mundo era cor-de-rosa e que tudo era perfeito. Sempre me senti pertencente àquela cidade. Ali era o meu abrigo, onde eu aproveitava para fugir de toda confusão que estava a minha vida e experimentava a calmaria, trocava o fogo pelo mar. Eu era acolhida.

Tantas pessoas já passaram pela minha vida e umas das únicas que continuaram foram a Laura e a Mariane. Uma amizade de longos anos que resistiu às tempestades, na qual celebramos as conquistas umas das outras e nos apoiamos nos momentos de derrota.

Até hoje, Laura é uma das minhas melhores amigas. Sempre vi e senti muita luz vindo dela. Uma pessoa que todos amam ter ao lado, uma mulher guerreira, forte, alegre e companheira de todas as horas. Ela é a própria materialização de uma amizade verdadeira, e, para mim, até mais do que isso.

Aristóteles, filósofo grego (384 a.C. – 322 a.C.), falava que

> a amizade perfeita é a dos homens que são bons e afins na virtude, pois esses desejam igualmente bem um ao outro enquanto bons, e são bons em si mesmos. Esse tipo de amizade pressupõe igualdade e semelhança, em especial no que se refere à excelência moral e, nela, cada um recebe de cada um a todos os respeitos o mesmo que dá, ou algo de semelhante; e é exatamente isso o que deve acontecer entre amigos.

Nicolle Cavalcante Alves de Souza

Eu acredito em coincidências da vida e que nada acontece por acaso. Estar escrevendo sobre a nossa amizade, no dia 20 de julho, em que se celebra o Dia do Amigo, está sendo algo especial para mim. A mais pura das amizades que já tive, pela qual entregamos e não esperamos nada em troca. Uma verdadeira excelência moral, uma amizade que sempre me fez bem e me incentivou a crescer e a evoluir.

Com a Laura, posso ser eu mesma, falar de tudo que me aflige, me abrir, mostrar meu "lado sombra" e sei que sempre serei acolhida e orientada por ela. Em todos os momentos de escuridão, ela me trouxe luz e me fez ver os acontecimentos ruins por outros ângulos. Todos os desabafos terminam em risadas, o que, consequentemente, me dá até mais ânimo para trabalhar no dia seguinte e ser mais produtiva, pois nada melhor do que se sentir amada e vista para que nossa autoestima floresça. Quem trabalha feliz, trabalha melhor, faz melhores conexões e acaba construindo relacionamentos pessoais e profissionais mais saudáveis. Laura sempre tem uma palavra de afeto, de acolhimento e conselhos para que eu não dê tanta importância ao lado negativo, porque, afinal, por mais surreal que seja algo quando acontece, vai passar e, quando passa, vemos que foi só um pontinho no meio de tudo que estávamos vivenciando.

Hoje sou cercada de mulheres fortes, que me ensinam e me apoiam. Em cada resgate, temos a capacidade de criar um impacto duradouro na trajetória de outras mulheres e impactar as gerações futuras.

Os dias nem sempre são bons, mas hoje acredito no poder da união entre mulheres e em como podemos nos apoiar e nos fortalecer mutuamente.

Que essa história faça você se lembrar da importância de cuidarmos umas das outras, de buscar a cura e de apoiar o potencial ilimitado que cada mulher possui, oferecendo ajuda e compreensão.

Referências

ARISTÓTELES. *Ética a Nicômaco*. São Paulo: Abril Cultural, 1973.

ARISTÓTELES. *Ética a Nicômaco: poética*. Seleção de textos de José Américo Motta Pessanha. 4. ed. São Paulo: Nova Cultural, 1991.

19

VELEJAR A FAVOR E CONTRA OS VENTOS

Esse texto conta um pouco da minha jornada, como um sinal de gratidão às relações, encontros e reencontros comigo mesma. Abordo sobre minhas origens, inspirações, rede de apoio e minha formação profissional, assim como a relação com a arte, buscando despertar a potência criativa. Sobre a sabedoria de ajustar as velas no caminho e nas marés da vida, aprendendo a pedir ajuda e também a oferecer na mesma medida. Um convite para cada uma despertar sua potência individual e compartilhar em rede suas criações.

RAFAELA STEPHANY RAGGI

Rafaela Stephany Raggi

Dedica-se como aprendiz de arte e autoconhecimento há dez anos entre caminhos pessoais e profissionais, servindo, atualmente, de algumas maneiras. Formou-se como comunicadora visual – designer pela Fundação Armando Alvares Penteado e, posteriormente, se especializou em terapia ayurveda, xamanismo, reiki e se formou como *moon mother*, se encantando pelas energias femininas e saúde da mulher. Cocriou um livro-agenda sobre Menarca (primeira menstruação) chamado *Ciclos Menina Mulher*. Atua, profissionalmente, com comércio exterior há sete anos; atualmente, no departamento pessoal e no desenvolvimento de pessoas e processos em uma empresa de *food broker*. É pós-graduanda de Arteterapia pelo Instituto Sedes Sapientiae. Acredita na arte e suas formas de expressão, na sutileza e potência de transformação pessoal de cada indivíduo e coletivamente como sociedade e busca integrar todas suas multipotencialidades com as de demais pessoas, acreditando em um mundo com cooperações como uma visão de futuro saudável.

Contatos
cargocollective.com/rafaelaraggi
rafaelaraggi@gmail.com
Instagram: @rafaela.raggi
Facebook: facebook.com/rafaelaraggi
LinkedIn: linkedin.com/in/rafaela-raggi

Eu vim do ventre da minha mãe, Cristina. Ela plantou semente fértil e potente, como a mãe dela havia plantado – minha avó Maria Celina.

Recentemente, criei uma oração própria que se inicia agradecendo às minhas raízes, avós, *abuelos* e pais e aos elementos da natureza, pois acredito que a terra é nossa mãe.

Assim como acreditar em uma força superior, Deus, creio na manifestação da Deusa e me coloco à disposição de caminhar a serviço da minha potência, conectada a essas forças. Para isso, percebo que é necessário resgatar quem fui, quem sou e projetar quem serei.

Como menina, sempre quis me tornar mulher. Posso me lembrar do tempo da minha infância, das fantasias piscianas sobre "ser mulher". Com referências fortes da minha linhagem familiar, minha mãe e irmã Gabriela em casa, minhas professoras e mestras, me parecia que a fase após os 30 seria uma fase interessante. Lembro-me de fantasiar que, com aproximadamente 34 anos, eu me encontraria mais confortável em ser eu mesma, naquela dócil inocência e esperança de criança, aos poucos me ajustando a pertencer aos círculos sociais e meu mundo.

Ainda faltam cerca de três anos para essa projeção e a realidade é que no momento eu me sinto em uma poderosa transformação. Nesse caminho, muitas bênçãos e muitos desafios se apresentaram, mas sigo firme na minha caminhada.

Quando me lembro da minha trajetória e das minhas escolhas, recordo que, desde pequena, me encantava com as histórias das pessoas. O primeiro livro que me inspirou na leitura foi *A mulher que matou os peixes*, da Clarice Lispector; depois, um relato de travessia do Amir Klink. Sabe aquela história do que você quer ser quando crescer? Quando brincava no parquinho, eu amava varrer e dizia que queria trabalhar com isso; depois, ampliando o olhar e leituras para o mundo, tinha o desejo de ser velejadora, assim como o escritor que eu havia conhecido. Eu me lembro muito de brincar também de dar aula com amigas da infância. Eu pegava a lousa, escrevia e amava essa personagem que eu havia criado.

Para minha surpresa, recentemente soube que a Tamara Klink, com o legado e sabedoria adquirida de seu pai, tem feito potentes travessias; isso me inspira e encoraja a ser quem eu quiser ser enquanto mulher. Digo isso respirando profundamente, com certo aperto no peito. Mesmo diante de todos os meus privilégios como mulher branca e classe média, não pude realizar todos os meus sonhos ainda, mas, ao mesmo tempo, sorrio ao lembrar que estou começando agora a caminhar e batalhar por cada um deles.

A dócil sincronia da vida me deu a oportunidade de velejar uma vez em Ilhabela, no aniversário de uma amiga. Passamos um dia de muita ventania em alto-mar e percebi que, além da compreensão dos ventos e seus movimentos, era fundamental nutrir o trabalho em equipe. Ninguém naquele veleiro tinha uma postura passiva; ativos estávamos para firmar nosso rumo e direção, ora a favor, ora contra os ventos e ajustando para seguir a favor do caminho traçado pelo capitão. Essa experiência me traz a sensação de aprendizado sobre a potência da rede.

Tive a bênção de receber inspirações femininas que me demonstraram que dom, suor, fé e força possibilitam que a vida, mesmo com seus obstáculos, tenha seus êxitos. Se eu for mencionar aqui cada mulher que me inspirou com sua dose de coragem, preencheria um livro inteiro – porém, algumas merecem ser mencionadas.

Rafaela Stephany Raggi

Fernanda Manzelli – minha primeira amiga de porta, com a qual cresci convivendo entre hall, casa, segredos e brincadeiras por sete anos – me ensinou o poder da leveza e a coragem de desbravar o mundo. Hoje ela vive uma vida quase nômade e acredita na sua arte e no seu corpo, me inspira desde que brincávamos juntas.

Natalia Gois foi uma pequena-grande amiga que fiz na 3ª série, que me acompanhou desde o show de talentos cantando Capital Inicial, tocando e cantando a música *Primeiros erros (Chove)*, até, literalmente, os primeiros erros e acertos da adolescência e vida adulta. Sempre me inspirou por sua inteligência. Amo essa mulher e aprendo até hoje a cada encontro com ela.

Camila Simões, Carolina Barhum e Fernanda Kuruczi me ensinaram, cada uma com sua particularidade, o poder de um círculo de amigas forte, sólido, amoroso e duradouro. Aprendemos a nos amar em nossas afinidades e a nos respeitar em nossas diferenças. São amores que cultivo porque acredito que temos uma amizade rara, por alimentarmos, até hoje, esse afeto e fé em cada uma de nós mesmas.

Isabela Cicalise, uma amiga que me acolheu em sua casa de transformação e arte na rua de um apartamento que eu morei por muitos anos. Foi a primeira que acreditou no meu potencial como terapeuta ayurveda, reikiana e *moon mother*. Cocriamos círculos de mulheres por dois anos e eventos criativos. Mas, para além disso, cultivamos uma amizade regada a viagens, confissões, intimidades e parceria.

Não considero nenhum encontro como um acaso na minha caminhada. Eu me formei em Comunicação Visual – Design Gráfico e sempre fui muito apaixonada por artes, desde os meus primeiros retratos da pré-escola até meus diários de adolescentes e danças da vida adulta, que me resgataram quando eu quase me perdi de mim mesma. Fui buscar autoconhecimento muito cedo, com 21 anos, em uma busca incessante sobre me reconhecer no mundo. Me conectei com a arteterapia nesses círculos que facilitei com a Isabela e, em paralelo, durante anos de análise junguiana, me questionei se eu deveria fazer uma segunda graduação em psicologia, até integrar que meu caminho no momento era buscar a pós-graduação em arteterapia.

Como sempre em minha vida, acredito que cada escolha que semeio, germina e, em solo fértil, com rega e sol suficiente, cresce. Aqui divido algo que ainda está em construção, que é essa nova prática profissional se solidificando. Eu atualmente me dedico a uma atuação profissional entre duas frentes: o corporativo e o terapêutico, e o mais interessante dos últimos anos tem sido integrar esses dois lados sem conflitos. Mas, muitas vezes, me custava entender minhas dualidades: sol em peixes, ascendente em virgem; mundo artístico, mundo corporativo; dia e noite; razão, emoção; yin, yang [...] e tenho sentido na pele, e em cada passo, que só existe verdade quando me apresento entre essas polaridades, eu me sinto fluindo e existindo no vão entre eles.

Esse ano, fiz um autorretrato em aquarela, trazendo uma expressão do meu momento atual. Noto que simbolizo meus cachos, e também uma massa mais preenchida que se revela na parte inferior. Havia sido uma proposta do aprendizado vivencial do ateliê de arteterapia no Instituto Sedes; e hoje, olhando para ele, vejo o quanto de verdade tem na escrita que entrego aqui. Consigo ver que a arte realmente revela toda minha inteireza dual. No desenho, percebo que o tamanho dos olhos traz minha necessidade de ver longe, ao mesmo tempo que o olhar para o alto traduz a necessidade de sonhar, imaginar. Meus cabelos trazem o movimento e a fluidez nas pinceladas soltas, inspiradas no movimento do impressionismo discutido em aula. O pescoço alongado é uma clara demonstração do quanto minha linha de ação no mundo tem sido a comunicação. Ainda percebo como se comunicam as cores quentes do rosto, roupa e lábios e que dizem muito sobre como sou e me sinto no momento.

Rafaela Stephany Raggi

Veja esta imagem colorida aqui

Se você nunca fez um exercício como esse, te convido para essa experiência, você pode se surpreender, como eu me surpreendi.

Eu sou Rafaela Stephany Raggi, e atualmente me conectei com minha potência de transformar pela arte, me comprometo a servir em movimento por meio da divindade com o caminho do meu coração e por meio das minhas relações. Acredito que a arte tem diversas maneiras de expressão, técnicas diferentes do que aprendi na graduação de Design: o mais rico é o processo, nem sempre o resultado. A arte não pede utilidade, mas pede alma. O movimento de criar é a maior potência que tenho me reconectando nos últimos tempos, pessoalmente eu diria que é minha fonte de energia vital. Também percebo que a arte faz sentido quando exposta e compartilhada para nutrir as relações de cada lente e cada ser que a toca e é tocado por ela.

Enquanto mulher, aprendi que fui e fomos muito silenciadas, mas que estamos reconquistando nosso poder de fala, discernimento e criação. Eu em conecto muito ao conceito de que nossa feminilidade enquanto essência, na atual sociedade, tem diversos desafios, mas ainda abundantes belezas. A resistência de poder se expressar, ser realmente escutada ou vista é um ponto primordial que acredito que seja curativo.

Recebo como terapeuta na clínica Ayurvédica, aplicando as técnicas energéticas, mulheres com histórias pessoais e particulares que me fazem aprender tanto nessa arte do encontro. Não por acaso ainda tenho ambição de me aprofundar mais nos estudos da psicologia e tenho me entregado há anos em acessar esses conhecimentos por meio de leituras. Creio que somos seres humanos em constante transformação e me sinto honrada de poder, ao mesmo tempo que sustento as minhas transformações, acompanhar as transformações de demais pessoas que acompanho na caminhada.

Eu acredito em um futuro ancestral, no qual, entre seres humanos, teremos uma autorregulagem, com a natureza mais íntegra. Desejo profundamente cada dia menos escutar tamanhas polaridades advindas de conflitos, mas entendo que estamos em um momento social necessário que gera esses movimentos também. Então, me entusiasma ver o quanto estamos, literalmente, trabalhando por essas mudanças, cada ser em suas possibilidades e ambições de alma.

Quando falo em alma, vem de uma sensação de dentro desse templo-corpo, e de fora – onde residem forças maiores; confio nesse mistério da existência, tanto quanto respeito crenças diferentes das minhas. Já tive momentos de não crer, outros de buscar referências religiosas. Hoje não há caminho que me faça mais sentido do que acreditar no poder da criAção. Criar e manifestar, a arte de sermos.

Eu me lembro do diálogo com uma parteira que muito admiro, Dxony, da etnia Fulni-Ô; ela me ensinou sobre criarmos e entregarmos para a terra. Vida, projetos, ideias. Esse conhecimento que parece simples, mas muitas vezes me vejo e nos vejo, enquanto sociedade, tornando-o complexo. Ela me inspirou com suas histórias de vida, sua família e ancestralidade, também com suas histórias sobre parteiras – essa mulher participou de muitos portais de chegadas nessa terra. Com ela, aprendi que parimos vidas, sonhos e realidades manifestadas na terra que pisamos. De onde viemos, para onde vamos.

Eu acredito que hoje só tenho um equilíbrio melhor na minha vida artística, terapêutica e corporativa por me convidar para ter menos controle sobre os resultados e focar em sempre entregar minhas criações, buscando entender as potências de criações de cada pessoa ou profissional que comigo pode tecer essas manifestações. Seguramente, desejo e sigo em busca de aprimorar essa alquimia.

Seja no âmbito pessoal, profissional ou relacional me entrego, confio e agradeço. Sigo reexistindo a cada passo, em uma eterna dança e ajuste de velas.

Agradeço quem fui, quem sou e quem serei. Minha ancestralidade, minhas sementes, crescimentos, podas, permanências e relações.

Resgate uma mulher e cure uma geração

Foto: Tati Wexler.

Eu me despeço deste capítulo com duas fotos. Uma, com um maracá que construí e que seguro enquanto estou dançando na Formação de Dança Tribal Ritualística. A intenção desse instrumento que eu criei é despertar a potência criativa por meio do seu som. Desejo que a minha, a sua e a nossa potência criativa seja ativa, fértil, abundante e compartilhada. E outra foto, dançando e fluindo. Intenciono que dancemos nossas verdades nos caminhos e ventos de nossos corpos e vida.

Foto: Tati Wexler.

20

A ESCRITA COMO EXERCÍCIO DE AUTOAMOR

Diante de uma adversidade aparentemente intransponível, infinitas possibilidades podem nos ser trazidas pelo olhar atento de outras mulheres. Gestos de compaixão e amor genuíno entre nós podem, em tempos difíceis, nos tornar otimistas e resilientes. Para mim, a escrita funcionou como uma alavanca, um recomeço e uma nova rota.

RUTH FORTES

Ruth Fortes

Advogada formada pela Universidade Católica de Santos; pós-graduada em Direito do Trabalho e Direito Processual do Trabalho pela PUC-SP, com especialização em Direito Previdenciário. Atuou como advogada trabalhista, em escritório de grande porte em Santos e, após dez anos, mediante concurso público, ingressou como membro do Ministério Público da União na carreira de "Procurador do Trabalho", sendo promovida, por merecimento, à Procuradora Regional do Trabalho, em cujo cargo se aposentou. Na obra *Concursos à magistratura e à procuradoria do trabalho*, de Ismael Gonzalez, teve publicado parecer exarado no processo TRT Nº. 7520/92-9. Membro da Nova Acrópole – Filosofia à Maneira Clássica, desde 2008, onde atuou como voluntária na revisão de livros lá publicados. Autora de uma autobiografia ainda não publicada, é apaixonada pela literatura, na qual encontrou caminhos para ressignificar memórias.

Contatos
rutfortes@gmail.com
Instagram: @fortesruth
Facebook: facebook.com/ruth.fortes.9
LinkedIn: linkedin.com/in/ruthfortes
13 99762 0183

> *Aprendendo a transformar minha dor dilacerante em beleza, meu medo em coragem, minha tristeza em lágrimas e minha saudade em amor.*
> MIRIAM GOLDENBERG

O trabalho sempre me proporcionou realização profissional e imenso prazer. Então, depois da aposentadoria, olhei para dentro e só encontrei um vazio cheio de outros vazios.

Não tinha me preparado para aquilo. Não foi algo planejado, como as aposentadorias por tempo de serviço, em que a pessoa escolhe se retirar e se dirigir aos aposentos, seja lá o que isso queira dizer.

Comigo foi diferente: eu trabalhei em excesso e desenvolvi uma lesão incapacitante. Fui forçada a parar. Em nenhum momento pensei que aquele afastamento pudesse ser algo definitivo. Mas foi.

E agora? Como seriam meus dias a partir daquela decisão que encerrou, sem nenhum pudor ou delicadeza, um longo período de vida?

Ficar na cama e só sair para fisioterapia e médicos voltados ao tratamento parecia meu destino. Com filho crescido, ninguém mais precisava de mim... Justo eu que – talvez erradamente – só me sentia importante e vista quando estava sendo útil, fazendo algo por alguém. Sempre precisei de que precisassem de mim.

O tempo passava e nada acontecia, a ponto de mudar meus pensamentos ou provocar uma tomada de atitude, após tanto tempo de inércia. Ficava na janela com as cortinas fechadas, só imaginando como estariam os outros, trabalhando e vivendo, enquanto eu continuava ali.

O quadro de depressão piorava a cada dia, quando uma amiga avisou que estavam abertas as inscrições para um curso de Escrita Criativa, promovido pela Prefeitura da minha cidade. Para concorrer, era preciso enviar um texto literário.

Aquela novidade não trouxe de imediato a animação esperada; não me sentia pronta para me erguer, muito menos para produzir o que quer que fosse.

Minha amiga insistia, e eu replicava, lembrando inclusive que, no ano anterior, já havia tentado entrar no curso e não tinha sido aprovada.

Fui dormir com aquela proposta na cabeça e um verdadeiro turbilhão de puxões de orelha invadiu aquela noite insone. "Deixa de ser covarde... Não é porque você não foi aprovada uma vez que isso vai se repetir. Sai dessa apatia e vá fazer algo por você". "Você não quer ser útil?". "Quem sabe aí você encontre um caminho".

Enquanto levava um monte de trancos, vindos sabe-se lá de onde, começaram a se delinear umas ideias malucas e exóticas. Com medo de perder aquela única e minúscula luz que insistia em tornar aquele cenário menos cinzento, levantei com a pouca rapidez que consegui e tentei pôr no papel as frases desordenadas que surgiam na minha imaginação, tão confusa quanto incrédula.

Comecei a desenhar um texto, que não parecia nem bom nem ruim, mas tinha começo e meio. Só de manhã vi a possibilidade de finalizar aqueles parágrafos, que foram ganhando forma à medida que as horas iam passando.

Fui deitar com o dia mais claro, e mais contente; aquele parecia ser o primeiro movimento para suspender a prolongada pasmaceira.

Avisei a minha amiga que iria me inscrever e iniciei o trabalho de colocar o texto dentro das exigências do concurso.

A partir daquele dia, minha vida ficou restrita a verificar as mensagens e saber se havia passado na seleção.

Estava se aproximando a data do início das aulas e nada.

Minha amiga Heloísa me ligou para dizer que havia participado de uma entrevista, segunda parte do processo seletivo, e que, antes da primeira aula, haveria uma dinâmica em grupo entre todos os aprovados.

Então, mais uma vez, eu não tinha sido convocada.

Voltei para a cama com a certeza de que dali nunca deveria ter saído.

Mas aquela amiga de muitos anos não se conformou com o panorama. Resolveu entrar em contato com a coordenação e soube que sim, eu havia sido aprovada. Mas, infelizmente, não tinha respondido o e-mail em tempo hábil.

"Não é possível... Com meu pessimismo, fiz o universo se voltar contra mim".

Revirei mais uma vez as mensagens e nada encontrei.

Novamente, estava inteiramente perdida.

Minha benfeitora entrou em campo em minha defesa. Conversou com a coordenadora, explicou aquela esdrúxula situação e conseguiu convencê-la a me receber para a entrevista, mesmo após o prazo.

A conversa foi marcada para o mesmo dia da dinâmica de grupo, mas em horário anterior.

Aquele dia foi bem tenso. Além de estar insegura pelo encontro, nem sabia se teria coragem suficiente para o exercício.

Minha timidez gritante ficou ainda mais exuberante naquela hora. Nunca tinha me envolvido em práticas daquele tipo. Nem sequer fiz teatro na escola. Como enfrentaria esse desafio?

Na entrevista, falei um monte de bobagens, mas a coordenadora, sensível e compreensiva, viu que eu estava muito nervosa, num estado fora do normal.

Passei na conversa. Dei um abraço bem apertado de agradecimento na minha amiga. Joguei, em comemoração, apenas uns murchos estalinhos de festa junina. Afinal, ainda faltava a atividade em grupo. Tive que me transformar em animais, performar histórias. O tempo se arrastava por horas.

Finalmente, aquele dia terminou. Que comecem as aulas.

O curso estava previsto para durar dois anos. Fiquei muito entusiasmada. Queria que as lições fossem todos os dias.

Os professores eram fera, todos muito capacitados, com excesso de amor por tudo o que faziam. Se eu não gostasse de escrever, já me apaixonaria pela dedicação e comprometimento que eles demonstravam.

O primeiro módulo foi o de poesia. Sempre homenageei, nos aniversários, pessoas mais próximas da família, criando versinhos rimados. Então tinha vários textos já prontos. Achei que estaria à vontade naquele contexto. Pobrezinha da mim!

Com uma educação de lorde, o professor explicou que aquelas rimas há muito não faziam parte das poesias publicadas. Rima era algo ultrapassado, que não se usava mais. Sem precisar de muita astúcia, descobri que meus textos caseiros não serviriam para nada, E me recordei de que, no primeiro ano em que fiz a inscrição, enviei uma poesia, dessas bem rimadinhas. Óbvio que levei bomba.

As pessoas do grupo eram ótimas: algumas até com livros já editados. Achava que os textos deles eram melhores que os meus. (E não era por modéstia, nem para me sentir como Santa

Teresa D'Avila, para quem "é grande virtude considerar todos melhores que nós").

Depois, tive aulas de escrita do eu, crônicas, contos e comecei a me sentir integrada ao grupo, até amiga de alguns. A timidez foi ficando inexplicavelmente em segundo plano. Voltava para casa, lia as obras recomendadas e elaborava, com grande empolgação e a mente fervilhando, as produções para a próxima aula.

Uma alegria me invadia e ficava muito bem quando estava com a caneta na mão, ou no computador. Pela primeira vez, percebi que não precisava ser útil nem me preocupar se estaria decepcionando alguém. Escrever passou a ser um ato de amor comigo mesma. Estava fazendo algo valioso, ainda que só para mim. Parecia que, aos poucos eu estava progredindo em minha humanidade, como se aquele fosse um processo natural.

O perturbador sentimento de incompletude tinha dado uma pausa. Eu estava confortável naquele lugar.

Faltava ainda o módulo romance. Estava ansiosa pelo curso.

Mas, infelizmente, a verba da prefeitura foi cortada e fomos informados de que a classe seria suspensa.

Como assim? Justo agora que eu estava recuperando minha autoestima e o senso de pertencimento? Fiquei em pânico, com medo de que aquele bem-estar pudesse não fazer mais parte dos meus dias. Não podia sequer pensar que os encontros e aquela interação estavam prestes a terminar.

Conversei com os colegas. Muitos estavam inconformados, como eu. Aí, tive uma ideia: e se nós conseguíssemos que os professores dessem aulas particulares para nós?

Falamos com a coordenadora, que, apesar de estar cheia de compromissos, notou o desapontamento do grupo e resolveu aceitar a proposta. Ela também havia ficado decepcionada com a interrupção do projeto. Não estava acostumada a deixar nada pela metade.

Resgate uma mulher e cure uma geração

As aulas particulares começaram para um grupo de uns dez alunos. Aprendemos como escrever diálogos, construir personagens, usar diferentes tipos de narrador.

Depois de várias aulas, ficou decidido que cada um criaria um projeto e todos dariam opinião em cada um dos livros em andamento.

Na mesma hora, me apavorei. Uma coisa era escrever textos curtos para as aulas, outra bem diferente era escrever algo maior, como um romance. Tinha certeza de que não conseguiria cumprir essa tarefa gigantesca. Sobre o que poderia escrever? Relatar episódios vividos? Reconhecia que minha vida era uma vida como tantas e que jamais geraria algum interesse.

Mas com todo o seu tato e competência, decorrentes de muitos anos de estudo e pesquisa, e de sua personalidade amorosa e acolhedora, a coordenadora, agora professora particular, reiterava sua convicção de que a vida de qualquer pessoa rende uma boa narrativa e que só cada um de nós, e ninguém mais, pode escrever de determinada forma.

Carolina era tão assertiva, empática e me estimulava tanto, que comecei a achar que seria capaz. E pensava que não poderia abandonar aquela oportunidade, até porque ali, estranhamente, não me sentia só. Era uma sensação de muito conforto, da qual não poderia abrir mão. Eu agora estava nutrida com uma força potente, que me empurrava e motivava a seguir em frente.

Tanto apoio me levou inclusive a renunciar à minha severa autocrítica, para que pudesse permanecer no grupo e cumprir o desafiador objetivo. Fui convencida pela professora de que poderia escrever para tentar dizer o que nunca pude falar ou demonstrar em casa, mesmo depois de adulta. Na família, sob a desculpa de que não poderíamos abrir mão da elegância em nenhuma circunstância, era proibido discutir uns com os outros. Afinal, inquestionável é que amor de mãe é sagrado, amor de pai é divino, amor entre irmãos é sublime. E amor de tios e avós, consagrado e abençoado.

Minha escrita seria uma vingança? "Claro que não". "Não é preciso ser sempre boazinha para ser boa e digna de amor".

Mais uma vez Carol veio em meu favor e demonstrou que só o ato de descrever os acontecimentos mais marcantes poderia funcionar como uma libertação e, provavelmente, uma cura.

Comecei a escrever e a cada capítulo era dominada pela dúvida, ou melhor, pela certeza de que nada daquilo atrairia alguém. Tratava-se de uma história absolutamente banal, sem qualquer fato enobrecedor.

Mas Carol não me deixou desistir. Tentou me persuadir, argumentando que, embora os capítulos retratassem uma família como muitas, descreviam uma dinâmica peculiar, especialmente pelo relacionamento tão contido entre seus membros, apesar do forte amor que os unia.

E assim, verdadeiramente impulsionada pela mentora e incentivada pelo grupo, consegui chegar ao fim do meu livro. Ele ainda não foi publicado, mas será em breve. Ainda assim, ele já atingiu para mim seus objetivos: conseguiu amenizar os efeitos dos traumas não discutidos, além de demonstrar que sim, com a ajuda de outras mulheres, podemos abrir novos caminhos, por onde achávamos que as portas estavam cerradas e trancadas.

Nas muitas vezes em que ressaltava para Carol a importância dela na minha vida, por ter me erguido do chão, naquele momento de nítido desamor por mim mesma e falta de perspectiva, ela, com sua humildade, invertia o jogo; dizia que o grupo é que havia impedido que seu projeto, elaborado com tanto carinho e competência, ficasse inacabado. Com seu coração afável e receptivo, ela ainda arrumava tempo e disposição para demonstrar gratidão a nós.

Durante todo o processo, ela repetiu várias vezes que meu texto se destina a pessoas que querem refletir sobre o mundo e as relações humanas. Eu considero que, além disso, ele é de enorme importância para as mulheres que pretendem examinar a própria história.

Que nós tenhamos razão.

Que este texto possa ajudar outras mulheres a descobrir o imenso potencial de que dispõem.

Que, formando uma rede de sustentação, possamos promover a libertação de inaceitáveis amarras, assumindo o protagonismo de nossas vidas.

Que nunca nos esqueçamos do poder transformador de uma única ação como ferramenta apta a quebrar um círculo vicioso de dor.

Que, com nossa teia de mulheres unidas, numa trama única de amor e cumplicidade, possamos agir, como sugeriu Bertolt Brecht:

> Quando tiverem melhorado o mundo, melhorem então o mundo melhorado. Quando, ao melhorar o mundo, tiverem completado a verdade, completem então a verdade completada. Quando ao completar a verdade, tiverem transformado a humanidade, transformem, então, a humanidade transformada.

Que a literatura consiga fazer com que mais mulheres experimentem, como eu senti na pele, o que defende a antropóloga Mirian Goldenberg: "Escrever ajuda a transformar a tristeza em beleza".

Que, com apoio sólido e mútuo, tenhamos sempre coragem para narrar, pegar a palavra e contar nossa trajetória, como quisermos.

Dedico este texto à Carolina Zuppo Abed.

Referências

BRECHT, B. *A peça didática de Baden-Baden sobre o acordo.* Teatro completo, v. 3, p. 211. 1929.

GOLDENBERG, M. *A dor dilacerante da saudade.* Disponível em: <https://50cinquentando.com.br/a-dor-dilacerante-da-saudade/>. Acesso em: 10 ago. de 2023

21

TAMBÉM ACONTECEU COMIGO

Coragem. Poder. *Anima*. Carl G. Jung. Violência doméstica. Lei n. 11.340/2006. Vulnerabilidade. Pedir socorro. Medo. Vergonha. Bênção do útero e meditações de cura do feminino. Acolhimento. *Moon mother*. Respiração ovariana. Alquimia feminina. Resgate. Phoenix. Plenitude. Suavidade e dureza, quando necessário e, se necessário. Este texto é destinado a você, que ainda não sabe pedir socorro. É um convite para um chá de flor de camomila. Também aconteceu comigo.

SABRINA MARADEI

Sabrina Maradei

Advogada formada em 1998 pela Faculdade de Direito do Largo São Francisco. Mestre em Direito Constitucional pela Universidade Castilla - la Mancha, UCLM – Espanha. Assessora jurídica na Secretaria Municipal de Educação, de 2012/2014. Coordenadora jurídica na Dersa, de 2014/2018. Chefe da coordenadoria jurídica da Secretaria Municipal de Saúde de São Paulo, 2021/2022. Sócia-fundadora do escritório Maradei e Dias Advogados Ass.

Contatos
sms@maradeidias.com.br
Instagram: @sabrinamaradeisilva

Sabrina Maradei

Este artigo é dedicado a todas as mulheres e seres humanos que têm sua potência máxima ativada desde o nascimento, em outros termos: são "empoderadas" – com as ressalvas pessoais do uso banalizado da expressão.

25 de março de 1975. Primeira filha. Ariana; ascendente escorpião. Intensidade e profundidade. Primeira. Nascimento dos irmãos. Tentando assegurar seu lugar. Entra na universidade de seus sonhos para cursar Direito. Rompendo a redoma de cristal, sai de Londrina e se lança na cidade grande. Faculdade de Direito do Largo São Francisco. Sonhos, poesia, política, artes, teatro, competição. Se firmando e buscando assegurar seu lugar. São Paulo não é para qualquer um. Dureza. Concreto. Sucesso.

Foi com esse histórico de guardar as vulnerabilidades e mascarar o " feminino" que se deu a vida até o primeiro retorno de Saturno, 27 anos. Caminho de Santiago de Compostela. Peregrina. Peregrina de si mesma. A *anima* quer falar, ela quer ser salva.

Disse Carl G. Jung em sua obra *O homem e seus símbolos* (2008):

> Os heróis muitas vezes lutam contra monstros para salvar "donzelas em perigo" (que simbolizam a *anima*). Essa é uma das formas pelas quais os mitos ou os sonhos se referem à *anima*, o elemento feminino da psique masculina que Goethe chamou de "o Eterno Feminino".

E esclarece mais adiante:

> *Anima* é a personificação de todas as tendências psicológicas femininas da psique do homem – os humores e sentimentos instáveis, as intuições proféticas, a receptividade ao irracional, a capacidade de amar, a sensibilidade à natureza e, por fim, mas não menos importante, o relacionamento com o inconsciente. Não foi por mero acaso que antigamente utilizavam-se sacerdotisas (como Sibila, na Grécia) para sondar a vontade divina e estabelecer comunicação com os deuses (JUNG, 2008).

A donzela precisava ser salva. Precisa ser salva.

Casamento. Sete anos. De trocas intensas de agressões, e alguns momentos de risadas, o que oxigenava a relação matrimonial e dava esperança. Assédio verbal. "Você está gorda".

> Lei n. 11.340, de 07 de agosto de 2006, conhecida como Lei Maria da Penha:
> Art. 7º. São formas de violência doméstica e familiar contra a mulher, entre outras: II – a violência psicológica, entendida como qualquer conduta que lhe cause dano emocional e diminuição da autoestima ou que lhe prejudique e perturbe o pleno desenvolvimento ou que vise degradar ou controlar suas ações, comportamento, crenças e decisões, mediante ameaça, constrangimento, humilhação, manipulação, isolamento, vigilância constante, perseguição contumaz, insulto, chantagem, violação de sua intimidade, ridicularização , exploração e limitação do direito de ir e vir ou qualquer outro meio que lhe cause prejuízo à saúde psicológica e à autodeterminação .
> (BRASIL, 2006. Redação dada pela Lei. 13.772, de 2018)

A donzela, presa na Torre, clamava por socorro, mas não sabia gritar.

> Eu me lembrei das palavras do velho mestre zen: "Concentre sua energia na parte baixa de seu abdômen". Só então senti realmente estar entre o céu e a terra. Fui tomado nesse instante por um sentimento novo e muito particular de minha existência, um sentimento que não tinha nada comparável com a consciência comum que temos de nós mesmos. Esse sentimento parecia, ao mesmo tempo, me pertencer e existir fora de mim. Desde que me sentara, o sentimento que tinha de meu ser e de minha existência havia sofrido uma sutil alteração. O deserto tinha me modificado.
> (OIDA, 2012, p. 81)

Esse trecho de Yoshi Oida, em sua obra *Um ator Errante*, descrevia o momento. O deserto e a aridez da couraça de poderosa e independente tinham me modificado. A donzela não sabe gritar. Afinal, a vida não é para fracassados. Era só manter a técnica da concentração. Eu estava blindada e o deserto tinha me modificado. Deserto de emoções. Sem água.

As violências verbais na relação conjugal começam a criar feridas e extrapolam o razoável. Couraça de cimento edificada para proteção e sobrevivência. E dizia comigo mesma: ao menos a ofensa não é física, o que torna mais tolerável a relação. Não se pode falhar. Divórcio é fracasso da relação. Você, como sempre consegue, também conseguirá suportar. Sucesso na vida profissional.

A donzela, presa na Torre, pediu socorro, mas não sabia gritar.

O sucesso profissional estava incomodando o "companheiro". As violências verbais já não a atingiam mais. Ela havia se blindado. A indiferença estava incomodando os dois. Estava intolerável. Pesado. Árido. Mas ainda pulsava muito desejo de serpente. Era raiva e desejo. Num coquetel tóxico de manipulação e controle. Ela galgava posições no governo. Ele se contraía.

Fazia sol. Era um dia de celebrar. Ela seria nomeada, ainda que temporariamente, para um cargo de destaque junto ao governo. Chega em casa e compartilha com o marido. Num ataque, sem respiro ou chance de defesa, ele dá uma cabeçada no nariz dela. Soca. Soco. Sangue. Raiva. Fúria. Impotência. Segredo. Vergonha.

Lei n. 11.340/2006:

> Art. 7º. São formas de violência doméstica e familiar contra a mulher, entre outras: I – A violência física, entendida como qualquer conduta que ofenda sua integridade ou saúde corporal.
> (BRASIL, 2006)

Não havia mais dúvida. Era a tipificação da lei. Ela, tão habilidosa na aplicação da lei; em causa própria, calou-se.

A donzela, presa na Torre, pediu socorro. Mas não sabe gritar.

Então, só agora, após passados mais de 12 anos do incidente que culminou no divórcio, sem denúncia penal, e na modalidade extrajudicial (não tiveram filhos e ela tinha pavor de escândalos), ainda assumindo a narrativa na terceira pessoa para conseguir tornar público, pela primeira vez, a violência psicológica e física sofrida, venho dizer e gritar: TAMBÉM ACONTECEU COMIGO.

> Eu sou a Guardiã da Árvore – seus pequenos olhos brilharam como diamantes à luz da Lua – ao colher este fruto, você se tornará mulher e herdará todos os poderes que a feminilidade traz. Você sangrará com a Lua e se tornará cíclica, nunca constante, sempre mudando de acordo com as fases lunares. Dentro do seu corpo, os poderes de criação e destruição serão despertados e, na sua intuição, você guardará o conhecimento dos mistérios interiores. Sua vida

> se tornará um caminho entre dois mundos, o interior e o exterior, com as demandas que cada um deles lhe trará. Todas as dádivas da feminilidade precisam ser aceitas e apreciadas, caso contrário, a dádiva poderá destruir você. A serpente se desenrolou (GRAY, 2019, p. 57).

"Todas as dádivas da feminilidade precisam ser aceitas e apreciadas, caso contrário, a dádiva poderá destruir você". Eu não sabia o quão verdadeira era tal sentença. E foi nos trabalhos de cura do feminino, de bênção do útero, de respirações e meditação que fui encontrando o meu renascimento. Tornei-me, além de advogada de família, terapeuta do feminino. É cuidar de todas as relações. Nas práticas de terapeuta integrativa e advogada de família encontrei meu acolhimento, colo, minha individualidade reconstruída. Dignidade.

Lei n. 11.340/2006:

> Art. 2º. Toda mulher, independentemente de classe, raça, etnia, orientação sexual, renda, cultura, nível educacional, idade e religião, goza de direitos fundamentais inerentes à pessoa humana, sendo-lhe asseguradas as oportunidades e facilidades para viver sem violência, preservar sua saúde física e mental e seu aperfeiçoamento moral, intelectual e social. (BRASIL, 2006)

E como bem pontua Sajeeva Hurtado, com maestria pelo equilíbrio das energias feminina e masculina, *Anina* e *Animus*, yin e yang, branco e preto e todas as polaridades:

> É planetariamente urgente que a mulher sare seu útero, que se alinhe com a sua feminilidade, que se integre à sua masculinidade e ressignifique a sua sexualidade. É um chamado a todas as mulheres para que recuperem e vivam seu potencial feminino, latente por baixo de couraças mentais e emocionais

> ou desarmonias no corpo físico. [...] Relaxar o colo do útero e permitir-se penetrar é um grande passo para se vincular à energia feminina. [...] O colo do útero configura essa energia feminina perfeita, que recebe, acolhe e contém a maravilhosa energia masculina, que enche, penetra, entrega e sustenta;
> (HURTADO, 2018, pp. 28/51).

Sim, é possível gritar com docilidade e encontrar abrigo no feminino e no masculino. É ato de coragem revelar vulnerabilidades e segredos. É seguro. E se precisar, vamos tomar um chá de flor de camomila. Aconteceu comigo também. Eu tenho um olhar macio para você.

A donzela se salvou.

Referências

BRASIL. Lei Maria da Penha. Lei n. °11.340, de 7 de Agosto de 2006.

GRAY, M. *Lua vermelha:, as energias criativas do ciclo menstrual como fonte de empoderamento sexual, espiritual e emocional.* São Paulo: Pensamento, 2019.

HURTADO, S. *Cheia de vida. Respiração ovariana, alquimia feminina.* Rio de Janeiro: Luz Azul, 2018.

JUNG, C. *O homem e seus símbolos*. Rio de Janeiro: Nova Edição, 2008.

OIDA, Y. *Um ator errante*. São Paulo: Via Lettera, 2012.

22

MINHAS "DORES E DELÍCIAS"

Ninguém foi criado por um evento ocasional. Somos frutos de vitórias naturais, apostas divinas, milagres, obras perfeitas que o poder do corpo indefectível feminino concebe, nutre, protege e prepara para vir e escrever uma história, resgatar e ser resgatado, curar e ser curado.

VALDILÉA GOMES DA SILVA

Valdiléa Gomes da Silva

Mulher. Mãe de família, bancária, formada em Comunicação Social. MBA em Gestão Estratégica e Econômica de Negócios pela FGV (Fundação Getulio Vargas) e MBA em Ciências Comportamentais pela ESPM (Escola Superior de Propaganda e Marketing). Cursou Programa de Consultoria de Negócios, pela FIA – Fundação Instituto de Administração e diversos programas com ênfase em gestão de negócios e comercial. Gestão de pessoas. Atendimento e encantamento de clientes. Trajetória de 29 anos de carreira, dos quais mais de 24 atuando no Bradesco, um dos maiores grupos financeiros da América Latina, iniciando em atendimento a clientes (telemarketing), passou por diversos cargos e áreas, como administrativas, comerciais, agências nos segmentos de alta renda e digitais. Hoje, está como gerente geral de Agências digitais. Mentora em programas de voluntariado.

Contatos
237.valdilea@gmail.com
Instagram:@val.valdilea
@pensandopraser
LinkedIn: br.linkedin.com/in/valdiléa

> *Cada um sabe a dor e a delícia de ser o que é.*
> (CAETANO VELOSO, *Dom de iludir*)

"Oxente, bichinha!". Essa era a frase que ouvia dos paulistanos quando eu falava com meu sotaque nordestino; tinha tanta vontade de chorar, mas "engolia o choro". Risadas, imitações e esse "oxente, bichinha" insuportável fazia eu me sentir "estranha", com vergonha, mas minha reação inocente e respeitosa era de, no máximo, pedir com a voz chorosa e dengosa dos meus três anos: "Deixe de bulir comigo!". Ou seja, não mexam comigo! Desconfio que "bulir", que eu tanto falava, deriva da palavra *bullying*! Esses "sarros" inconvenientes doem e destroem a autoestima, especialmente de crianças. Nunca esqueci, no entanto, não tenho traumas por isso e declaro com devoção que meu orgulho e honra de ser nordestina se potencializam diariamente. Meu amor pelo Nordeste é vivo e latente em mim para sempre.

Em junho de 1980, nossa família: meus pais, Adelmo e Valdete, eu e minha irmã Vanessa, migramos do interior pernambucano para São Paulo em busca de oportunidades. Meus pais, que são meus exemplos de amor, honestidade, coragem, parceria, dedicação, empenho profissional, humildade, generosidade e resiliência, tinham forte preocupação em prosperar, criar filhas e filho (com sete anos, ganhei outro amor, meu irmão Adeilton), de caráter indiscutivelmente bom e, modestamente, fizeram um excelente trabalho. Eles sempre se importaram com a qualidade das pessoas que os pais entregam ao mundo, porque, assim como as aves, é dever exclusivo dos pais cuidar das "crias" até seus primeiros voos. Meu pai talvez nem saiba disso, mas ele é um cara com o seu "feminino lapidado"! (Risos...). Ele é incrível, um incentivador nato e minha mãe é um mulherão danado e muito apaixonada por ele. Ela diz que foi amor à primeira vista, mas a história deles contarei em outra oportunidade.

Tenho ricas lembranças infantis e a viagem de ônibus para São Paulo, que durou quase três dias, é viva em minha memória; lembro-me das dores de cansaço no meu corpo infantil, do tédio de ficar na mesma posição por horas que eram potencializadas pelo frio que ainda não tínhamos sentido. Eu e minha irmã aproveitávamos o frio para três brincadeiras, soltar "fumaça" pela boca, colocar os dedinhos entre os dentes para sentir tremer e relaxar os lábios para ouvir o som que o tremor dos dentes fazia.

Meu pai nos abraçava com tanto carinho que ficávamos quentinhas, mas o seu silêncio denunciava preocupações e ansiedade.

Eu também vi minha mãe chorando algumas vezes e com olhos marejados de tristeza de assistir àquela cena; eu perguntava o óbvio e ela negava o choro dizendo que seu rosto molhado e vermelho era de frio. Anos depois me lembrei disso e perguntei novamente, ela me respondeu que sentia muitos medos, os maiores até então. Medo dos desafios que enfrentaríamos, dos perigos, da fome, pois já tinha passado fome na infância, medo das maldades, do frio ser insuportável, da escassez financeira, pois trouxeram somente dinheiro de economias que pouparam e das vendas das mobílias que tinham. Na verdade, ela estava intuindo o que logo viveríamos.

Enfim, chegamos de madrugada, e sob garoa, na Rodoviária do Tietê; fomos levar a minha tia Liínha, que veio conosco, na casa de sua filha e passamos um dia lá. Meu pai alugou uma casa em um quintal grande com quatro casas de aluguel, no Jardim Nordeste, na rua Crato. Fomos para lá no mesmo dia. Nossa mudança se resumia em duas malas e uma bolsa; eles compraram um fogão de duas bocas, uma cama de casal e uma de solteiro, duas mantas e um tapete de retalho para dormirmos até as camas chegarem.

Na manhã seguinte, eu e minha irmã, acordamos cedo e com muita fome, talvez pelo frio que fez naquela noite. Minha mãe já tinha levantado e meu pai saiu de madrugada à procura de emprego em uma construtora; no dia seguinte começou a trabalhar (ele trabalhou em construção civil até se aposentar).

Eu e minha irmã levantamos, tomamos café com bolachas salgadas, minha mãe faxinou a casa, depois começou falar em voz alta (para memorizar) os itens que precisava comprar; como ela era analfabeta nessa época, criou a própria forma de listar.

Já passava das 12h, estávamos as três sentadas no chão, com as portas trancadas quando uma voz gentil e carinhosa bateu chamando: "Moça! Dona!". Minha mãe levantou e perguntou: "Quem é?". E logo ouviu: "Glória!". Ela respondeu abrindo a porta: "Já vai!". Elas se olharam, trocaram sorrisos e minha mãe a convidou para entrar.

Dona Glória, uma mulher de cabelos grisalhos, com penteado de coque, vestido florido, blusa de lã clara, chinelos e meias, aparentando 60 anos, lembrava o jeito de se vestir da minha amada avó materna (vovó Dora, a melhor benzedeira e mais altruísta que eu conheci), e nós imediatamente começamos a chamá-la de vó Glória. Ela entrou segurando um prato grande fechado com outro, protegido por uma trouxinha de pano e ofereceu à minha mãe que, envergonhada, primeiro recusou, mas não resistiu à humilde argumentação: "Fia, eu fiz esse pratinho e trouxe pra você almoçar com suas filhas porque 'vi' que desde cedinho você está limpando a casa e imaginei que não deu tempo de fazer almoço". Essa frase foi uma forma sábia, humilde, efetiva e afetiva que vó Glória, percebendo que não íamos almoçar, ofertou aquele prato, mas com o cuidado de não ser invasiva nem nos subestimar, pois ninguém fica confortável em não ter (mesmo que por um dia) o que dar de almoço aos filhos; acredito que seja um sentimento de impotência essa situação.

Ao cumprir seu objetivo com tanto amor e luz no olhar, vó Glória conversou pouco com a minha mãe, disse que ela e os demais vizinhos moravam lá há alguns anos e eram todos família. Ao se despedir, sorriu, passou a mão com carinho em nossa cabeça, abraçou minha mãe, dizendo que poderíamos contar com ela para o que precisássemos. Minha mãe agradeceu e assim que vó Glória saiu, puxei minha irmã e fomos correndo pedir para abrir a quentinha; ela mal abrira e aquele cheiro do refogado bem temperado entrava em nossos narizes, excitando mais o apetite e antecipando o sabor, a famosa "água na boca" estava ativada. Aquela era a comida mais gostosa que já tinha provado ao longo dos meus dois anos! Feijão, arroz, frango ao molho, abobrinha refogada e tomates; nós três comemos a metade e minha mãe guardou a outra parte para meu pai jantar quando chegasse e ele redividiu conosco antes de comer, depois fomos ao mercado juntos comprar a lista que minha mãe memorizou. Essa experiência me fez entender que, quando fazemos o bem genuinamente, exercemos a nossa capacidade de sermos felizes produzindo felicidade e essa ação mútua é poderosa. Não é só sobre caridade, mas sobre amparo, carinho, acolhimento e sutileza.

No quintal, morava também tia Lealda (como chamávamos, eu e minha irmã), filha da vó Gloria, uma mulher admirável, casada, mãe de dois casais de filhos já adultos. Sua forma de viver, leve, marcante e generosa conosco contribuiu para eu me transformar na mulher que me tornei.

Ela era linda, forte, doce, engraçada, feliz, festeira, contadora de histórias, conselheira, amiga, usava batom vermelho que destacava a sua pele de melanina forte, cabelos lisos de ondas leves, ela chamava a atenção aonde chegava, sua voz era potente, mas a sua gargalhada, ah, era ímpar e de volume alto. Sentia prazer em ver todos felizes; e se percebesse atritos familiares ou na vizinhança, dava um jeito de apaziguar. Eu achava isso demais!

Eu amava as festas dela, porque sua preocupação era propiciar momentos inesquecíveis. Todas as festas eram sensacionais, mas as de virada de ano eram imbatíveis! Ela criou um ritual muito legal: depois de meia-noite, após os cumprimentos, organizava uma ciranda de adultos e crianças para cantarmos na íntegra "adeus ano velho", eu amava isso e até hoje, sempre que ouço essa música, fecho os olhos para um mergulho nessa lembrança feliz. Aquela ciranda era uma meditação conjunta para atrair boas energias para o ano todo, era lindo ver o cuidado mútuo de não soltar as mãos um do outro até finalizar com um abraço coletivo.

A tia Lealda tratava a nossa família como dela, adorava quando ela dizia: "Somos todos família!". As atitudes vigorosas dela comigo eram o que eu sentia falta. Minha mãe, que por sua educação severa, de base machista, sem acesso nem aos estudos, tornou-se uma mãe rude e dura ao extremo conosco. Essa era a forma dela exigir o nosso melhor. Hoje ela é o oposto disso, ela se transformou em uma mãe e avó única. O tempo e as demonstrações de amor dos filhos amoleceram seu coração, que já tinha esse potencial. E em todas as situações, ela aprendeu a passar, ou na "peneira da gentileza" ou na "peneira da generosidade". E tia Lealda, por ser até avó naquela época, madura e intuitiva, alertava a minha mãe sobre nossas dificuldades, dizendo que a nossa carência precisava ser preenchida de forma afável, porque sentíamos falta disso nela.

Resgate uma mulher e cure uma geração

Passávamos (eu e minha irmã) algumas férias escolares na casa da tia Lealda, era muito legal, conversávamos muito, tanto com ela, quanto com a sua caçula (Mariléia), que era solteira na época. Às vezes íamos na casa da primogênita (Elisete), uma mulher incrível, casada, mãe, educada, estudiosa e trabalhadora, conversava assuntos inteligentes e positivos; ela ratificava sobre a importância da educação, dizia que parar de estudar deveria ser inexequível e que estudo é tudo que nos enriquece de aprendizado, cursos, trocas saudáveis de informações, leituras e conversas produtivas. A vida me evidenciou que os dizeres dela são atemporais.

Em uma dessas férias na casa da tia, ela me perguntou o que cursaria na faculdade. Eu fiquei muda, porque, apesar de ser meu desejo, as condições financeiras e a minha base escolar não me permitiam acessar cursos superiores e eu dei essa explicação. Ela segurou minhas mãos e perguntou: "Mas você quer?". Eu respondi convicta que sim, e com o olhar penetrado nos meus, ela disse cheia de brio: "Se você quer com a força do seu coração, acredite, tenha fé, porque você vai conseguir, mas só se for de coração. É só agir!". Tenho fé e creio no poder dessa frase. Penso que "agir de coração" é a coragem da ação.

Ela também disse que ser feliz é uma conquista fácil, basta ativar o bem, a gratidão, a ética, honrar os pais, todos que amamos e seguir sempre os exemplos admiráveis, essas premissas são inegociáveis para mim.

Em todas as datas especiais, ela nos presenteava e ia de trem para Ferraz de Vasconcelos, onde morávamos na época (morei lá até me casar). Esforçava-se até financeiramente para isso, trabalhando incansavelmente de sacoleira só para ver nossos sorrisos e olhos brilhando de alegria quando recebíamos presentes. Além de nossa gratidão e amor, essas lembranças dela me fazem almejar pulsão de vida plena para o meu destino, pois as suas atitudes comigo foram mais do que lições, ela apostou em mim e foi capaz de perceber o potencial que eu desejava ter, mas não acreditava, como quando sonhamos voando...

Alealda da Cruz Santos, você plantou no meu coração sementes potentes de ESPERANÇA e GRATIDÃO que se transformaram em uma árvore robusta, rara e indestrutível. Obrigada por tanto!

Em 2006, ela faleceu. Eu já era casada, tinha uma vida agitada com o trabalho, estudos e cuidados com a família, então nos víamos pouco. E lá estava ela me ensinando, dessa vez com a dor de sua partida repentina. Perdê-la sem ter retribuído tudo que me fez doía tanto! Tinha tantos planos com ela. Demorou, mas entendi que, para concretizar planos valiosos, devemos organizá-los por ordem de importância, honrando nosso feminino e propósito. Ela deixou muito dela em mim e nas mulheres da minha casa. Hoje eu me sinto uma "tia Lealda" (e sou TIA LÉA) adaptada ao meu jeito (porque ela é insubstituível).

Comecei a trabalhar aos 14 anos e nunca parei; já trabalhei como atendente de telemarketing, locutora de loja, vendedora etc.

Com 19 anos, entrei na faculdade (para orgulho e alegria dos meus pais). Era árduo trabalhar só para pagar faculdade, mas isso me capacitou a conseguir trabalhar no Banco Bradesco, um dos maiores grupos financeiros da América Latina, onde permaneço atualmente.

Trabalhar em uma empresa séria, sólida, responsável e sustentável é um sonho que realizo, porque me permite praticar meus valores e crenças com gentileza, ensinar e aprender com sororidade e honrando meu objetivo de curar todos os dias as dores que impeçam não somente mulheres, mas todas as pessoas de terem uma vida plena e feliz.

Sou casada há 22 anos com o Ailton e mãe do Nicolas, de 15 anos, que indiscutivelmente é o ser mais valioso e a maior prova de amor que Deus me entregou. O poder de gerar um filho me provou que o AMOR é a supremacia da vida que devemos multiplicar e espalhar incansavelmente.

Minha trajetória de vida é embasada em honrar o feminino e seus poderes, o que é visivelmente comprovado na minha vida.

Resgatar mulheres é meu propósito de vida, pois, dessa forma, o meu próprio resgate é autovalidado. Só a cura recorrente de gerações produz uma humanidade saudável e sustentável.

23

AQUELA QUE SENTAVA AO LADO

As relações que temos ao longo da vida, principalmente na infância e na adolescência, moldam nosso caráter e influenciam fortemente quem nos tornamos. Algumas delas são verdadeiros divisores de águas em nossas histórias. No ano de 2007, tive a sorte de ter um desses encontros raros, que resgatou a menina que eu era e impactou profundamente a mulher que me tornei.

VIVIAN FADLO GALINA

Vivian Fadlo Galina

Psicóloga atuante na área clínica (CRP 06/150618), com experiência no atendimento de adolescentes, adultos e casais. Facilitadora de palestras e treinamentos de desenvolvimento humano. Trajetória em empresas e como profissional autônoma na área de marketing. Graduada em Comunicação Social e Psicologia pela Universidade Católica de Santos, com módulo presencial na Universidade de Santiago de Compostela (Espanha). Formação em Terapia Transpessoal pela Escuela Española de Desarrollo Transpersonal (Madri), em Constelações Sistêmicas, pelo IBRACS, e em *Personal and Professional Coaching*, pelo IBM Leader. Fluente em inglês e espanhol. Proficiência em inglês certificada pela Universidade de Michigan (ECPE). Artigo científico na área de saúde mental publicado no periódico Interface e Prêmio X Jornada de Iniciação Científica e Tecnológica. Cantora, compositora e amante dos palcos da vida.

Contatos
vivianfgalina@gmail.com
Instagram: @viviangalinapsi
LinkedIn: linkedin.com/in/viviangalina
Spotify: podcasters.spotify.com/pod/show/vivian-fadlo-galina
13 99728 9889

Vivian Fadlo Galina

Para Maissa, que me resgatou em 2007.
Para seus pais, Miriam e Aclemir, as pessoas
mais fortes que eu conheço e que tornaram
possível esse encontro.

Eu tinha 16 anos quando conheci você, quase 17. Quando se sentou ao meu lado, você não fazia ideia de que eu tinha acabado de passar as piores férias de verão da minha vida. Do quanto eu me sentia sozinha. De que acreditei por um tempo que jamais teria uma amiga de novo e que talvez fosse melhor morrer do que passar por aquela morte social que eu vinha atravessando.

Você não quis saber de onde eu vinha ou o que eu tinha. Me enxergou por quem eu era e isso bastou. Poucas palavras, algumas risadas e um laço se formou. Ali, naquela turma do último ano do ensino médio, na qual você se sentava na carteira ao lado.

Depois de alguns sonhos, desejos, músicas e angústias compartilhados, você anotou meu número. E ali uma faísca de esperança surgiu. De, quem sabe, ter novamente alguém com quem contar. Era cedo demais para criar expectativas, no entanto, com você não existia "talvez" nem meias palavras. Demonstrava e fazia o que queria, sem receio de julgamentos e rejeições. Sua vontade de viver estava sempre acima dos seus medos. E essa foi uma das coisas que (re)aprendi com você.

Resgate uma mulher e cure uma geração

Naquela mesma noite, o telefone de casa tocou e, por horas a fio, senti como se você sempre estivesse estado presente. Uma intimidade difícil de descrever, que parecia não obedecer às leis do tempo e do espaço. Quem era aquela garota ousada que mal me conhecia e já estava ligando no mesmo dia para partilhar confissões e aventuras adolescentes? Uma menina ingênua ou um espírito livre? Ela tinha um pouco dos dois, o que a tornava tão única.

Eu não sei o que seria de mim se não tivesse te encontrado naquele ano, Maissa. E isso não é exagero, drama ou nostalgia. Eu estava emocionalmente perdida e quebrada no início daquele ano. Tinha perdido amigas, namorado, mudado de cidade... Vivia uma crise existencial que poderia ter me traumatizado e marcado para sempre. Vivi frustrações e decepções com pessoas importantes da minha adolescência e não estava conseguindo lidar com isso sozinha. Aliás, me sentia cada vez mais sozinha e isso passou a influenciar a minha autoestima e autoimagem.

Estava começando a me enxergar como culpada, incapaz, esquisita e inferior. E o pior, sem perspectivas de mudança desse cenário. Hoje, como psicóloga, sei que vivi um episódio depressivo, que na época eu não era capaz de identificar. Eu precisava de ajuda, mas também não ousava pedir. Até mesmo escondia dos meus pais como eu me sentia triste e vazia.

Naquele momento, eu questionava tudo sobre mim. Se eu era legal, se me encaixava neste mundo, se era boa o suficiente para fazer parte de um grupo... Foi nesse contexto que você chegou e, sem saber, me curou de tantas formas. Da maneira mais pura e despretensiosa que uma mulher pode curar outra.

Quando você me incluiu no seu mundo externo, sempre me convidando para eventos e me apresentando para outros amigos, conheci muitas pessoas que também impactaram minha vida. Algumas estão nela até hoje. Além de encontrar você, encontrei "minha turma" e, finalmente, pude me sentir pertencente de novo.

    Quando você me convidou para o seu mundo interno, consegui recuperar minha autoestima e autoconfiança. Porque, de repente, eu era importante para alguém de novo! Eu era digna de escutar seus segredos e te ajudar nas suas decisões, fossem elas sobre namoro, faculdade ou que roupa usar numa festa. Parece fútil, mas às vezes tudo que uma garota precisa para continuar nessa jornada da vida, e um dia vir a ser uma mulher, é de outra que torne essa fase menos pesada do que já é.

    Se sentir sozinha aos 16 anos de idade pode ser devastador na vida de alguém. No entanto, a cada noite que você me ligava depois da escola, nossas conversas calavam a boca de todos os meus pensamentos negativos e autodestrutivos. Muitas vezes, simplesmente perceber que você valorizava a minha opinião mandava embora meu sentimento de solidão.

    Naquele ano, você me resgatou com sua simples confiança, entusiasmo e abertura para o nosso vínculo. Com sua capacidade de pedir colo, mas também de acolher. De se doar, mas também receber. De ver o outro e de se deixar ser vista, ficar vulnerável. E, de repente, eu já não me sentia mais sozinha. Ou melhor, eu já não estava sozinha. De repente, eu já não conseguia mais escutar os fantasmas que habitavam minha mente. Porque, juntas, nós falávamos alto demais.

    Éramos confidentes, companheiras de festas, sobreviventes da escola, fugitivas de aulas, jogadoras de truco com a turma do cursinho, e por aí vai. Com você, vivi uma juventude inteira em apenas um ano, Maissa. Mais intenso que todos os outros. O mais inesquecível também, como você.

    Certamente, você foi a amiga que eu precisava naquele momento e eu, de alguma forma, a amiga que te completava. Talvez por isso, naquele ano, passamos a nos chamar de "metades da laranja".

Mas esta não é uma simples história sobre amizade adolescente. É sobre uma mulher que foi um divisor de águas na vida de outra, independentemente da idade que tinham. Porque companheirismo, generosidade, lealdade, empatia e sororidade não têm idade. Porque tudo que aconteceu naquele ano mudou todos os anos seguintes da minha vida e, de certa forma, definiu a mulher que me tornei. Afinal, "as amizades estabelecem os protótipos para as futuras relações românticas, conjugais e parentais" (FREITAS *et al*, 2018).

Como o mundo teria a ganhar se todas as mulheres, independentemente da idade, fossem mais como você, Maissa: generosas, leais, autênticas, corajosas e afetivas. Pois são essas qualidades que nos dão o poder de aproximar, empoderar e, não raro, resgatar.

Ao contrário do que se vê na cultura tóxica que nós, mulheres, costumamos absorver desde cedo, você nunca competiu comigo. Você nunca se sentiu melhor nem pior do que eu. E acredito que essa é a base de qualquer amizade verdadeira, mas como é difícil sustentar isso em um meio que estimula incessantemente a concorrência entre as mulheres. E não só entre as adultas. Repito, isso costuma começar muito cedo.

É por isso que esta não é uma simples história de amizade adolescente. Acima de tudo, é uma história sobre virtudes que deveriam nortear qualquer relação entre mulheres. Virtudes que curam, fortalecem e resgatam mulheres de todas as idades. Era isso que você demonstrava para mim e para todos, Maissa.

Parece que você via minha essência, minha força, e nada mais. Não é que você ignorava minhas fraquezas e equívocos. É que, para você, aquilo não tinha importância, não tinha valor. Você sabia que eu era maior do que isso. Você me via maior do que isso e, a partir daquele momento, eu consegui ver também. Talvez por isso, eu tenha me tornado uma psicóloga tão empática e hoje consiga levar esse olhar gentil a tantas mulheres que me procuram.

Fico imaginando como seria se todas nós, mulheres, olhássemos umas para as outras dessa forma, com olhos generosos. Dispensando a acidez das críticas (que frequentemente dirigimos também a nós próprias) e mudando o nosso foco do copo meio vazio para o copo meio cheio. Isto é, valorizando muito mais as conquistas, as forças e qualidades das mulheres ao nosso redor em vez de ressaltar a parte da obra em reforma, inacabada.

Todas temos uma parte de nós ou da nossa história da qual não nos orgulhamos, mas que, longe de ser uma parte defeituosa, é simplesmente um potencial latente a desabrochar no momento certo ou uma dificuldade a ser convertida em recurso. Em suma, são possibilidades de evolução. São pedidos por amor. E, quem sabe, se outra mulher for capaz de oferecer acolhimento, esse será o adubo que faltava para o florescer.

É fácil ser erva daninha nos terrenos de outras mulheres. É só fazer o que aprendemos desde sempre: cobrar, apontar, criticar, menosprezar, ridicularizar. E o que colhemos disso? Frutos apodrecidos de solidão e baixa autoestima. Pois, quanto mais enfraquecemos outra mulher, mais enfraquecemos nós mesmas. Inevitavelmente, a rígida voz da crítica e da cobrança também se voltará contra nós. E pior, talvez não tenhamos uma amiga sequer para nos acolher nesse momento.

A tarefa não é fácil, mas é muito simples: ser adubo na vida de outras mulheres. Ver potencial onde muitos talvez vejam nela apenas um deserto árido, um solo infértil. Ter a paciência de regar com nossas virtudes um relacionamento capaz de ajudá-la a crescer, se fortalecer e florescer. E, então, poder colher os frutos da troca, da gratidão, da amizade, do vínculo e do afeto.

Foi isso que você me ofereceu naquele ano, Maissa. Acima de tudo, uma aceitação integral, que me ensinou também a me aceitar e ser mais gentil comigo. Nossa troca reverberou em muitas versões da Vivian e, como num efeito dominó, hoje esse impacto reverbera também em outras mulheres por mim, sejam familiares, amigas ou pacientes. Quando deixo de julgar, quando acolho, quando escuto, quando encorajo, quando incluo, quando ligo, quando me importo, quando faço rir ou quando choro junto...

Falando nisso, os olhos que estavam marejados agora desaguam sem cessar, eu já deveria imaginar que você estava de passagem, pois, como dizem por aí, "era bom demais para ser verdade". Naquele ano você teve talvez uma das suas últimas missões aqui na Terra: fazer com que eu acreditasse em mim, com que eu continuasse... Porque, às vezes, tudo que uma mulher precisa não é de uma super-heroína ao lado dela, mas, sim, uma mulher real, que está ali presente, se importando, dando o suporte certo na hora certa, até que a outra possa seguir caminhando por si só.

Maissa, você era tão intensa! Tinha um brilho radiante que fazia as pessoas se apaixonarem. Você era a meiga e eu, a palhaça. A "morenaça" e a "loiraça". A dupla perfeita que arrebatava corações. Juntas, ganhamos fãs, mas ninguém era tão fã de você quanto eu. E acredito que vice-versa. Mas sua alma livre foi voar mais alto no dia 8 de janeiro de 2008.

Tivemos um final de ano letivo memorável, com direito à festa do ridículo, *halloween* e um baile de formatura inesquecível, com fotos lindas que eu vou guardar para sempre.

Na época, eu fazia parte de uma banda que ia fazer seu primeiro show. Você e nosso grupo de amigos estavam lá para prestigiar e foi sensacional. Um momento, em particular, nunca saiu da minha mente. Quando eu cantei a música *Não sei viver sem ter você* (CPM 22, 2002). Quando eu cantava essa frase, olhava e apontava o tempo todo para você, Maissa. Eu não sabia mesmo... E nem queria. Mas a vida quis. E esse foi o nosso último encontro no plano físico.

Dezembro passou, viajamos com nossas famílias, seguimos "carne e unha" pelo telefone. Eu tive a notícia de que tinha passado no vestibular de Publicidade e Propaganda e você, no de Jornalismo. Até nisso, combinávamos.

No início do ano de 2008, você me ligou e estávamos combinando de nos encontrarmos. No final dessa mesma semana, fiquei sabendo que você tinha sido internada após ter muitas dores na nuca. Três dias se passaram sem que eu pudesse te visitar, e você não saiu mais de lá. Seu coração gigante não suportou as paradas cardíacas causadas pela meningite. E meu coração apertado não suportou a dor daquela despedida tão súbita quanto precoce.

Eu mal conseguia acreditar. Era surreal perder você assim, sem sobreaviso. Mas, na verdade, acredito que você já sabia, pois me contou que vinha tendo sonhos e visões de seus avós falecidos. Para uma amiga em comum, contou que eles disseram que viriam "buscá-la". Você me poupou desse "detalhe"... Até nesse momento cuidou de mim.

Nossa despedida não foi no seu velório, minha amiga. Não pôde ser, e hoje em dia, acredito que foi melhor assim. Prefiro me lembrar de você olhando para mim enquanto eu cantava "Não sei viver sem ter você" ou tantas outras músicas que cantávamos juntas. Essa, em especial: "Because maybe / You're gonna be the one that saves me / And after all / You're my wonderwall..." (OASIS, 1995).

Mais do que aquela que sentava ao lado, você foi aquela que me resgatou. Foi a "jardineira" que adubou e regou minha alma quando mais precisei. De certa forma, sinto que nunca foi embora, pois tudo que cultivamos juntas segue crescendo e dando frutos dentro de mim.

Acredito que esperei este momento para compartilhar a nossa história e, assim, dividir o que seria insuportável carregar sozinha. Agora vejo que seria até injusto guardá-la só comigo. O que eu sinto é um misto de saudade com gratidão. Sinto que ganhei na loteria no dia em que eu a conheci, porque, com suas virtudes e atitudes, você mudou toda a minha jornada.

Esta é uma história que pode mobilizar emoções, mas que, acima de tudo, fala de um relacionamento profundamente curador e enriquecedor para nossas almas. Afinal, um dia todos vão embora, mas há pessoas que deixam marcas que reverberam eternamente em nós. Não importa se foram grandes ou pequenas atitudes, mas, sim, a diferença que fizeram.

Portanto, desejo que toda mulher tenha uma "Maissa" por perto e seja também um pouco "Maissa" para outras mulheres. Assim, poderão resgatar e certamente serão resgatadas quando precisarem.

Referências

CPM 22. *Não sei viver sem ter você*. São Paulo: Arsenal Music: 2002 (3:46).

FREITAS, M. *et al*. Qualidade da amizade na adolescência e ajustamento social no grupo de pares. Aná. *Psicológica, Lisboa* , v. 36, n. 2, pp. 219-234, jun. 2018. Disponível em: <http://scielo.pt/scielo.php?script=sci_arttext&pid=S0870-82312018000200007&lng=pt&nrm=iso. Acesso em: 24 jul. 2023. https://doi.org/10.14417/ap.15>. Acesso em:

OASIS. *Wonderwall*. Londres: Creation Records: 1995.

Dizem muito que somos empoderadas ou donas do nosso nariz, certo? E, na prática, o que você vê? Aqui, o foco é mostrar que quando somos tudo isso, é porque fomos suportadas por outra mulher. Precisamos apenas treinar nosso olhar.

Quando o desafio é adequado à habilidade, o tempo passa rápido e a satisfação é alta. Segundo a psicologia positiva, isso é estar em *flow*. E, quando estamos em *flow*, somos felizes e, capazes de cocriar tudo.

Assim surgiu o movimento **Mulheres da Egrégora Flow**!

Convidamos você a nos conhecer melhor e, quem sabe, até fazer parte do nosso íntimo clã!